Comentários a decisões inconstitucionais do STF

Prefácio: José Cretella Neto

LETRAS Jurídicas

CIP-BRASIL. CATALOGAÇÃO NA PUBLICAÇÃO
SINDICATO NACIONAL DOS EDITORES DE LIVROS, RJ

S39c

Schoedl, Thales Ferri, 1978-
Comentários a decisões inconstitucionais do STF / Thales Ferri Schoedl. -1. ed. - Mauá [SP] : Letras Jurídicas, 2023.
228 p. ; 21 cm.

Inclui bibliografia
"Anexos"
ISBN 9786589565383

1. Direito constitucional - Brasil. 2. Brasil - Supremo Tribunal Federal. 3. Poder Judiciário - Brasil. 4. Juízes - Decisões. 5. Ações de inconstitucionalidade. I. Título.

23-82672 CDU: 342.56(81)

Meri Gleice Rodrigues de Souza - Bibliotecária - CRB-7/6439

13/02/2023 15/02/2023

THALES FERRI SCHOEDL

Comentários a decisões inconstitucionais do STF

1ª Edição – 2023 – São Paulo – SP

LETRAS Jurídicas

Capa, Diagramação e Montagem de Capa:
@armenioalmeidadesigner

Revisão:
Thales Ferri Schoedl

Editor:
Cláudio P. Freire

1ª Edição – 2023 – São Paulo – SP

LETRAS Jurídicas

LETRAS JURÍDICAS EDITORA
Rua Eduardo Prado, 28, Casa 1 – Vila Bocaina
CEP 09310-500 – MAUÁ – SP.
Telefone/Fax (11) 3107-6501 – Celular (11) 9-9352-5354
Site: www.letrasjuridicas.com.br;
E-mail: vendas@letrasjuridicas.com.br;

Impresso no Brasil

Dedico este livro à minha esposa amada,
Cristiane Vasconcellos Schoedl,
fonte de amor e sabedoria que tanto me faz crescer.

CONSELHO EDITORIAL LETRAS JURÍDICAS

"A sabedoria não encontrou um lugar na Terra onde pudesse habitar; sua habitação, portanto, está no céu."

(*O Livro de Enoque* 42,1)

"Quando a leviandade, a tolice, a arrogância pretensiosa são convidadas a subir ao palanque para discursar em nome da 'ética', não há mais limites para os progressos da inconsciência: a moralidade é o último refúgio dos imbecis."

(Olavo de Carvalho. *O imbecil coletivo*)

Agradecimentos

A Deus, por me sustentar nos dias mais difíceis e sempre abrir portas para despertar o que há de melhor em mim.

À minha esposa e amada, por sua sabedoria e serenidade que me inspiram a cada dia.

Aos meus pais, por todos os valores éticos e morais que me foram transmitidos, norteando todas as minhas ações.

Aos meus irmãos, sempre presentes em todos os momentos importantes de minha vida.

Ao Prof. Dr. José Cretella Neto, por todas as suas valiosas lições, especialmente pelo prefácio e revisão que muito engrandeceram esta obra.

Ao Prof. Dr. Elói Alves do Nascimento, pelo trabalho de excelência na revisão do texto.

À Editora Letras Jurídicas, por mais uma vez confiar no meu trabalho.

Nota do Autor

A avalanche de decisões arbitrárias proferidas por um Tribunal da República, que, em princípio, deveria zelar pela Constituição Federal, produziu na última década uma acentuada instabilidade política, social e, acima de tudo, jurídica, o que motivou-me a produzir o presente trabalho. Mas, além da motivação para tanto e da minuciosa investigação, esta obra exigiu-me mais: a coragem para tecer considerações críticas acerca de decisões inconstitucionais de nossa própria Corte Suprema, sabedor de que, em razão de recentes acontecimentos, eu mesmo poderia ser alvo de persecução penal, fruto da ditadura de um Tribunal que, sob o falso pretexto de "defender o Estado Democrático de Direito contra ditaduras", passou a censurar e prender, sistematicamente, os críticos de suas decisões, criminalizando a opinião mediante atos arbitrários e inconstitucionais, estes sim, genuinamente ditatoriais.

Apesar desses aspectos políticos e ideológicos, procurei imprimir à obra a cientificidade indispensável ao examinar algumas recentes decisões do STF, procurando jamais encampar comentários superficiais que, via de regra, norteiam a cobertura jornalística; nesta linha de raciocínio, defendi, inclusive, o acerto de algumas decisões e votos vencidos da mesma Corte, ordinariamente tachados de "absurdos" pela turba insensata.

Acredito ser esta a melhor metodologia, sobretudo para manter a neutralidade da análise, mesmo porque, ao menos no plano abstrato, acredito que ainda vivemos num País que protege a liberdade de expressão e veda a censura, seja esta administrativa ou judicial.

Referida metodologia é descrita com maiores detalhes na introdução da obra, juntamente com algumas considerações sobre o Positivismo Jurídico, Neoconstitucionalismo e o ativismo judicial, e, considerando-se a relevância dos temas enfrentados, os quais excedem o âmbito estritamente jurídico, houve certo esforço para evitar o famigerado "juridiquês", possibilitando assim a compreensão de minhas ideias pelo maior número possível de pessoas.

Cada um dos cinco Capítulos foi dedicado ao exame de uma decisão proferida pelo STF na última década, a saber: I- Criminalização da homofobia: o *princípio lacrador* como fundamento de *pseudotipo* penal; II- Interferência do STF nas nomeações do presidente da República e a divisão constitucional de competências; III- Levantamento do sigilo de reuniões presidenciais e o princípio da publicidade da Administração Pública; IV- Investigação de *fake news*, de ofício, pelo STF: liberdade de expressão e sistema acusatório; e V- Prisão de parlamentares federais fora das hipóteses de flagrante por crime inafiançável.

Ao final da obra, foram apontados possíveis mecanismos, dentro do Estado Democrático de Direito, destinados ao combate de decisões inconstitucionais emanadas do próprio STF, visando restabelecer a ordem constitucional.

Longe de autointitular-me "dono da verdade" ou "senhor da razão", pretendo, com esta obra, apenas proporcionar uma melhor compreensão e um debate crítico sobre o atual papel de nossa Corte Suprema, propondo alternativas para as hipóteses em que ela mesma desvirtua a sua missão constitucional, na medida em que a Carta Magna deve estar sempre acima das instituições e de seus respectivos integrantes.

Uma ótima leitura a todos!

Thales Ferri Schoedl

Inverno de 2022

Prefácio

Primeiro, falo do Homem, depois do Jurista.

Conheci pessoalmente o *Dr. Thales Ferri Schoedl* nos corredores do Tribunal de Justiça de São Paulo, após descer da tribuna e sair da sala de julgamento, onde eu acabara de fazer uma sustentação oral.

Um jovem e elegante Advogado se aproximou de mim e se apresentou: era meu *ex adverso* em outro processo, no qual, graças à sua habilidade como negociador, as partes chegaram a um acordo.

Eu conhecia sua história de vida através das fontes nem sempre confiáveis da mídia e tinha ao menos uma ideia do calvário a que tinha sido submetido e das injustiças de que foi vítima, ainda tão jovem.

Poucas pessoas teriam reagido com sua resiliência e tenacidade para demonstrar que havia sido vítima de seus detratores, inclusive alguns ex-colegas da Promotoria, além da incompreensão de alguns Juízes, que cediam ante a pressão da opinião pública.

À medida em que fui conhecendo melhor o *Dr. Thales Ferri Schoedl*, fui-me apercebendo de que estava não apenas diante de um jurista talentoso, mas também de um espírito inquebrantável, dotado de rara tenacidade: enfrentava as adversidades – que não eram poucas nem triviais – com notável galhardia e altivez, jamais aceitando passivamente os dissabores que lhe foram infligidos.

Nesse passo, fundamental o apoio que recebeu da própria família e de Cristiane, sua muito gentil esposa, assim como de amigos e colegas de profissão, entre os quais me incluo, todos formando uma corrente de solidariedade que cada vez mais se fortalece.

Agora, falo do jurista e de sua obra.

A vida e o estudo do Direito ao qual se dedicou forjaram não apenas um intelectual dotado de invulgar clareza de pensamento, mas também munido da necessária coragem para enfrentar temas espinhosos de nossa área.

Compareci ao lançamento de sua obra *Liberdade de Imprensa e Direitos da Personalidade: uma Abordagem Interdisciplinar*, em 2019, e fiquei impressionado com o elevado número de admiradores que já tinha, na ocasião, e que somente tende a aumentar com o passar do tempo e com a conclusão de novos e importantes trabalhos, tais como este, *Comentários a Decisões Inconstitucionais do STF*, que consolida seu arguto senso de observação da realidade jurídica em que vivemos e que tenho a honra de apresentar.

Nessa obra, que já se torna um clássico de nossa literatura jurídica ao vir a lume, o autor começa abordando os conceitos de jusnaturalismo e positivismo jurídico, bem como incursiona pela principiologia jurídica, tecendo considerações sobre o neoconstitucionalismo e o ativismo judicial, temas que se têm revelado, nos anos recentes, tão fascinantes quanto polêmicos.

O exame aprofundado de cinco diferentes casos, todos eles paradigmáticos e atuais, julgados pelo STF, ocupa cada um dos capítulos I a V da obra, arrematada com detalhadas conclusões sobre os métodos de controle de constitucionalidade das decisões de Cortes Supremas.

Muitas lições advêm da consulta a este livro, entre elas a de que todos nós, operadores do Direito, muito nos beneficiaremos ao estudar cada vez mais e em maior profundamente, o Direito Constitucional, bem como examinar as principais decisões de nossa Corte Constitucional.

Isto porque nossa Alta Corte é, atualmente, integrada por Ministros de formações jurídicas, morais e religiosas muito diferentes, sendo alguns deles mais radicais do que outros.

Com a lamentável e frequente omissão do Legislativo em regulamentar diversas matérias relevantes para nossa sociedade, tem o Judiciário atuado para suprir as lacunas. No entanto, essas intervenções nem sempre são acompanhadas de bom-senso e ponderação, tendo-se notado, em tempos mais recentes, o exacerbamento do ativismo judicial, não raro eivado de explícito autoritarismo.

No estudo das decisões do STF deve-se procurar identificar em que pontos acertam e quando cometem eventuais equívocos, alguns deles repercutindo negativamente sobre a sociedade brasileira, que já vive momentos difíceis, dada a exacerbada polarização política ora vivida, em intensidade talvez jamais vista em nossa História. Daí porque, com a publicação destes *Comentários a Decisões Inconstitucionais do STF*, se está diante de um livro jurídico que enfrenta as questões suscitadas no Tribunal com inegável e cirúrgica maestria.

Tenho a certeza de que esta obra do *Dr. Thales Ferri Schoedl* representa notável contribuição à Ciência Jurídica brasileira e sua leitura enriquecerá sobremaneira os conhecimentos de quem a consultar.

Prof. Dr. José Cretella Neto

Advogado empresarial

Mestre, Doutor e Livre-Docente em Direito Internacional pela

Faculdade de Direito da USP

jcretellaneto@gmail.com

Lista de Siglas e Abreviaturas

AC – Ação Cautelar

ADI – Ação Direta de Inconstitucionalidade

ADO – Ação Direta de Inconstitucionalidade por Omissão

ADPF – Arguição de Descumprimento de Preceito Fundamental

AP – Ação Penal

art. – artigo

CC – Código Civil

CF – Constituição Federal

CP – Código Penal

CPC – Código de Processo Civil

CPP – Código de Processo Penal

EC – Emenda Constitucional

ed. – edição

e.g. – *exempli gratia*

HC – *Habeas Corpus*

Inq. – Inquérito

Min. – Ministro

MI – Mandado de Injunção

MP – Ministério Público

MS – Mandado de Segurança

nº – número

org. – organizador

p. – página

p. ex. – por exemplo

Rel. – Relator

REsp – Recurso Especial

REx – Recurso Extraordinário

RISTF – Regimento Interno do Supremo Tribunal Federal

STF – Supremo Tribunal Federal

STJ – Superior Tribunal de Justiça

TJSP – Tribunal de Justiça de São Paulo

trad. – tradução de

v. – volume

v.g. – *verbi gratia*

Sumário

Introdução

A separação de Poderes, concebida por Montesquieu e encampada pela Constituição Federal brasileira (CF, art. 2º),[1] constitui um dos grandes alicerces do Estado Democrático de Direito, atribuindo-se funções específicas a cada um dos Poderes da República, doutrinariamente chamadas de funções típicas: ao Poder Legislativo compete a elaboração de leis em sentido amplo, bem como fiscalizar a atuação do Poder Executivo; a este, exercer a administração, aplicando as leis para satisfazer o interesse público; e ao Poder Judiciário compete julgar, aplicando as leis para dirimir conflitos de interesses de pretensão ou satisfação resistida (lide). Cuidam-se, respectivamente, das funções legiferante-fiscalizadora, administrativa e jurisdicional, daí a utilização mais moderna da expressão separação de "funções", e não de "Poderes".

Além das mencionadas funções típicas, cada um dos Poderes da República pode, eventualmente, desempenhar as chamadas funções atípicas, ou seja, "aquelas que um Poder exerce excepcionalmente, por autorização da Constituição Federal, mas que são funções típicas de outro Poder".[2] Exemplos:

---

1. C. S. B. Montesquieu. *O Espírito das Leis.* 1ª ed. trad. por Maria Flavia dos Reis Amambahy. Rio de Janeiro: Ideia Jurídica, 2015, p. 141-163.

2. T. F. Schoedl. *2243 Questões para Concursos Públicos.* São Paulo: YK Editora, 2015, p. 99.

uma licitação realizada pelo Poder Judiciário para adquirir lagostas e vinhos para os magistrados de um Tribunal (função administrativa); medida provisória editada pelo presidente da República (função legislativa); e julgamento de crime de responsabilidade (*impeachment*) pelo Poder Legislativo (função de julgar).

Nessa esteira, a teoria da separação de poderes evoluiu para conceber o chamado "*checks and balances*" (freios e contrapesos),[3] permitindo assim uma certa interpenetração entre os Poderes da República, daí a própria Constituição afirmar que estes são "independentes e harmônicos", tudo em prol da estabilidade institucional e social. Exemplos disso são o art. 52, inciso X, da Constituição Federal, pelo qual o Senado Federal, em sede de controle difuso de constitucionalidade realizado pelo STF, confere efeitos *erga omnes* (a um número indeterminado de pessoas) à decisão que declarou uma lei inconstitucional, suspendendo seus efeitos; e ainda, a deliberação da respectiva Casa Legislativa sobre a prisão em flagrante de parlamentar por delito inafiançável (CF, art. 53, § 2º).

Este arcabouço constitucional tem por escopo preservar a estabilidade social e jurídica, evitando-se, ao menos no plano abstrato, que um dos Poderes se imponha aos demais, vulnerando a própria essência do Estado Democrático de Direito; todavia, enquanto os abusos perpetrados por integrantes dos Poderes Executivo e Legislativo podem ser reparados pela atuação destes próprios Poderes ou do Judiciário, o mesmo não se observa quando tais ilícitos são provenientes deste último – mais precisamente, dos membros da Corte Suprema,

---

3. P. Lenza. Direito Constitucional Esquematizado. 16ª ed. rev., atual. e ampl. São Paulo: Saraiva, 2012, p. 482.

uma vez que as condutas reprováveis dos demais magistrados podem ser reparadas, no âmbito jurisdicional, pelas instâncias superiores, e na esfera disciplinar, pelas respectivas Corregedorias, Órgãos Especiais e pelo famigerado Conselho Nacional de Justiça.[4]

Segundo alguns autores, Ruy Barbosa teria advertido que "a pior ditadura é a ditadura do Poder Judiciário. Contra ela, não há a quem recorrer",[5] embora não exista um consenso sobre a autoria desta frase célebre;[6] destarte, o ilustre jurista certamente não imaginava a que ponto chegariam as decisões proferidas pelos ministros do STF na última década, tratando-se de servidores públicos – convém sempre lembrar – que, valendo-se de inaceitáveis exercícios hermenêuticos, violam, sistematicamente, a Constituição Federal, legitimando o arbítrio, gerando insegurança jurídica, social, política e econômica e atacando as bases do Estado Democrático de Direito, sob o

---

4. "Órgão administrativo burocrático", como dizia o saudoso professor e jurista Ovídio Rocha Barros Sandoval, e ainda "inconstitucional", acrescenta-se, o qual só tem razão de existir nos regimes parlamentaristas; como já se afirmou, "na Europa, diversos países instituíram órgãos semelhantes ao Conselho Nacional de Justiça, com a designação de 'Conselho Superior da Magistratura', estando integrados à estrutura do Poder Judiciário. No entanto, a maioria desses países é parlamentarista, e.g., França e Itália, sendo que a criação de tais órgãos lastreou-se em fundamento diverso do apresentado no Brasil, ou seja, proteger o Poder Judiciário contra a ingerência do Parlamento, ampliando a autonomia dos magistrados. Assim, referidos órgãos substituíram os controles administrativo, financeiro e disciplinar, anteriormente exercidos pelo Poder Legislativo. Contudo, o mesmo fundamento não vale para o Brasil, onde a igualdade entre os Poderes garante a autonomia do Judiciário" (T. F. Schoedl, *2243 Questões...*, p. 83). Confira-se ainda, a respeito do tema: J. Baptista da Silva. *Reforma do Judiciário (Sem o Controle Externo "híbrido")*. Belo Horizonte: Líder, 2004, p. 51.

5. *Apud* L. L. Grilo. *O inquérito do fim do mundo, a ruína das liberdades e a luta pelo direito*. In: C. R. M. Piovezan (org.). Inquérito do Fim do Mundo: o apagar das luzes do Direito Brasileiro. Londrina: Editora E.D.A, 2020, p. 48.

6. Confira-se, neste sentido: G. Araújo. *Rui Barbosa, a ditadura e o Poder Judiciário*. Disponível em <<https://interfases.legal/2021/04/23/rui-barbosa-a-ditadura-e-o-poder-judiciario/>>. Acesso em 18.09.2022.

falso pretexto de defenderem a Constituição, tema que constitui o cerne do presente trabalho.

1. Jusnaturalismo, Positivismo Jurídico, Neoconstitucionalismo e ativismo judicial

No tocante à dogmática-constitucional, o ordenamento jurídico é formado pelo gênero normas jurídicas, entendidas como disposições que determinam "o que deve ser",[7] as quais podem ser veiculadas tanto por regras como por princípios: enquanto aquelas impõem obrigações expressas, sob pena de sanção, estes constituem, segundo Alexy, "mandamentos de otimização",[8] tratando-se, conforme Cretella Júnior, "de uma proposição que se coloca na base das ciências, informando estas ciências",[9] funcionando, no âmbito jurídico, como limitadores e vetores de interpretação das próprias regras.

Os princípios podem ser:

---

7. R. Alexy. *Teoria dos Direitos Fundamentais.* Trad. de Virgílio Afonso da Silva. São Paulo: Malheiros, 2008, p. 87.

8. Ibid., p. 90-91. Marinela define os princípios como os "alicerces, os fundamentos da ciência", servindo de parâmetros à interpretação das regras jurídicas (*apud* V. I. Carlin (org.). *Grandes Temas de Direito Administrativo: Homenagem ao Professor Paulo Henrique Blasi.* Campinas: Millenium e Conceito, 2009, p. 898). Sobre a diferença entre os conflitos entre regras e entre princípios, vide Capítulo III, item nº 2.

9. J. Cretella Júnior. *Manual de Direito Administrativo.* 7ª ed. Rio de Janeiro: Forense, 2005, p. 33.

a) Expressos: quando veiculados por uma norma jurídica, v.g., isonomia, reserva legal penal, contraditório e ampla defesa (CF, art. 5º, *caput*, I, XXXIX e LV);

b) Tácitos ou implícitos: quando decorrem da interpretação teleológica e sistemática do ordenamento jurídico, e.g., lesividade e insignificância.

Entre os princípios implícitos podem ser incluídos os princípios gerais de Direito; entre as diversas acepções colacionadas pela doutrina, adota-se a que os considera decorrentes do próprio Direito Natural,[10] assim elencados por Cretella Neto: a) ninguém pode transferir mais direitos do que possui; b) ninguém deve ser condenado sem ter sido ouvido; c) ninguém pode invocar a própria malícia para beneficiar-se; d) quem exercita o próprio direito não causa prejuízo a ninguém; e) o contrato faz lei entre as partes; e f) ato praticado com vício de origem não se convalida com o decorrer do tempo.[11]

Eventualmente, um princípio tácito pode ser transmutado pelo legislador constitucional ou ordinário, tornando-se expresso; foi o que se observou com os princípios da razoável duração do processo e da proporcionalidade, que passaram a ser veiculados, respectivamente, pelo art. 5º, inciso LXXVIII, da Constituição Federal (EC 45/04), e pelos arts. 2º, *caput*, da Lei 9.784/99, e 8º, do Código de Processo Civil.[12]

---

10. W. B. Monteiro – A. C. B. M. F. Pinto. *Curso de Direito Civil: Parte Geral*. 42ª ed. São Paulo: Saraiva, 2009, v. 1, p. 46.

11. J. Cretella Neto. *Direito Internacional Público*. São Paulo: Thomson Reuters Brasil, 2019, p. 196.

12. Transcrevem-se os citados dispositivos:
CF, Art. 5º. LXXVIII - a todos, no âmbito judicial e administrativo, são assegurados a razoável duração do processo e os meios que garantam a celeridade de sua tramitação.
Lei 9.784/99, Art. 2º. A Administração Pública obedecerá, dentre outros, aos princípios

A distinção entre regras e princípios é de grande relevância, porquanto intrinsicamente ligada aos três modelos de aplicação das normas jurídicas, quais sejam:

a) Jusnaturalismo: concebido com base nas lições de Rousseau e Montesquieu,[13] preconiza um sistema fundamentado no Direito Natural, com preponderância de princípios de justiça que não se encontram, necessariamente, consagrados numa norma positivada, ou seja, os princípios tácitos ou implícitos;[14]

b) Positivismo Jurídico: alicerçado na teoria pura do Direito de Kelsen, buscou conferir maior segurança e estabilidade ao sistema, propondo exatamente o contrário, ou seja, o exegeta deve levar em conta somente as normas expressas – sejam regras, sejam princípios –, uma vez que não cabe ao Direito ocupar-se com a Justiça e a Moral, por se tratarem de valores transcendentais e subjetivos; conforme Kelsen, "a teoria do direito natural é uma teoria jurídica dualista, pois, segundo ela, ao lado do direito positivo há um direito natural. A

---

da legalidade, finalidade, motivação, razoabilidade, proporcionalidade, moralidade, ampla defesa, contraditório, segurança jurídica, interesse público e eficiência.
CPC, Art. 8º. Ao aplicar o ordenamento jurídico, o juiz atenderá aos fins sociais e às exigências do bem comum, resguardando e promovendo a dignidade da pessoa humana e observando a proporcionalidade, a razoabilidade, a legalidade, a publicidade e a eficiência.

13. J. J. Rousseau. *Do Contrato Social.* Coleção Os Pensadores. Trad. de Lourdes Santos Machado. Introdução e notas de Lourival Gomes Machado. 2ª ed. São Paulo: Abril Cultural, 1978, p. 69; e C. S. B. Montesquieu, op. cit., 34. De acordo com Montesquieu, "dizer que não há nada de justo ou injusto além daquilo que as leis positivas ordenam ou proíbem é dizer que antes de se traçar o círculo todos os raios não são iguais" (p. 34).

14. Dworkin chama as normas que integram o Direito posto de "direitos jurídicos", e as não-positivadas de "direitos morais" (R. Dworkin. *Levando os direitos a sério.* 3ª ed. trad. Nelson Boeira. São Paulo: Editora WMF Martins Fontes, 2010, p. 230-234).

Teoria Pura do Direito, porém, é uma teoria jurídica monista. Segundo ela, só existe um direito: o direito positivo";[15]

c) Neoconstitucionalismo: também chamado de Pós-Positivismo ou Constitucionalismo Pós-moderno, pretende encontrar um ponto de equilíbrio entre os dois sistemas anteriores, possuindo, na lição de Agra, as seguintes características: "a) positivação e concretização de um catálogo de direitos constitucionais; b) onipresença dos princípios e regras; c) inovações hermenêuticas; d) densificação da força normativa do Estado; e) desenvolvimento da justiça distributiva".[16]

Deve-se reconhecer, com efeito, a importância da teoria kelseniana, ao "conferir cientificidade ao estudo do Direito, preservando-o da influência de ideologias",[17] daí por que assiste razão a Bobbio, ao advertir que, "a guinada que a teoria pura do direito representou para o desenvolvimento da jurisprudência teórica é, em suma, uma daquelas guinadas para além das quais é possível avançar, mas não é lícito retroceder".[18]

O Neoconstitucionalismo, ao combinar os dois primeiros sistemas, funda-se na chamada "força normativa da Constituição",[19] ou seja, o texto constitucional deve ir muito além da mera organização do Estado e previsão direitos fundamentais,

---

15. H. Kelsen. *O problema da Justiça.* Trad. de João Baptista Machado. 3ª ed. São Paulo: Martins Fontes, 1998, p. 117.

16. W. M. Agra, 2008, *apud* P. Lenza, op. cit., p. 62-63.

17. T. F. Schoedl. *Liberdade de imprensa e direitos da personalidade: uma abordagem interdisciplinar*. São Paulo: Letras Jurídicas, 2019, p. 95.

18. N. Bobbio. *Da estrutura à função: novos estudos de teoria do direito.* Trad. de Daniela Beccaccia Versiani; rev. técnica de Orlando Seixas Bechara, Renata Nagamine. Barueri, SP: Manole, 2007, p. 210.

19. K. Hesse. *A força normativa da Constituição.* Trad. de Gilmar Ferreira Mendes. Porto Alegre: Sergio Antonio Fabris Editor, 1991, p. 9-15.

fazendo com que todos os ramos do Direito sejam reinterpretados à luz dos valores consagrados pela Carta Magna, de forma expressa ou tácita; neste sentido, Hesse leciona que,

> [...] a norma constitucional não tem existência autônoma em face da realidade. A sua essência reside na sua vigência, ou seja, a situação por ela regulada pretende ser concretizada na realidade. Essa pretensão de eficácia (*Geltungsanspruch*) não pode ser separada das condições históricas de sua realização, que estão, de diferentes formas, numa relação de interdependência, criando regras próprias que não podem ser desconsideradas. Devem ser contempladas aqui as condições naturais, técnicas, econômicas e sociais. A pretensão de eficácia das normas jurídicas somente será realizada se levar em conta essas condições.[20]

De outra parte, Ávila adverte sobre o chamado "Estado Principiológico", inibidor da efetividade do ordenamento jurídico justamente em razão do desprezo pela norma expressa,[21] sob o pretexto de aplicação de princípios supostamente mais "justos", daí por que já se afirmou o seguinte:

> O grande perigo do Neoconstitucionalismo reside na mencionada 'inovação hermenêutica', pois, quando mal aplicada, constitui um verdadeiro 'abre-te-sésamo' para o chamado 'ativismo judicial', produzin-

---

20. Ibid., p. 13-15.

21. H. Ávila. *Teoria dos Princípios: da definição à aplicação dos princípios jurídicos.* 12ª ed. ampl. São Paulo: Malheiros, 2011, p. 23.

> do acentuada insegurança jurídica, justamente por permitir que o Poder Judiciário, de forma pragmática, atue como legislador, ao invés de apenas julgar conforme as leis e a Constituição.[22]

O citado "ativismo judicial", conforme Schoedl e Lamanauskas, verifca-se quando o Poder Judiciário, "sob o pretexto de julgar de acordo com princípios, acaba por legislar, em flagrante ofensa ao princípio da separação de Poderes", extrapolando-se assim o direito positivado;[23] Tavares Neto, por sua, vez, ressalta que o "juiz ativista não se prende à letra da lei, por ele considerada conservadora e, portanto, retrógrada, mas a interpreta de acordo com finalidade progressista/revolucionária que pode ser alcançada com a nova norma inventada",[24] enquanto Freyesbelen aponta a origem do ativismo judicial na chamada teoria crítica do Direito:

> No domínio jurídico, a Teoria Crítica deu azo à Teoria Crítica do Direito, cujo objetivo seria criticar o sistema jurídico vigente, servindo-se dos mesmíssimos argumentos do velho e carcomido marxismo: a luta de classe. Mais precisamente, a Teoria Crítica do Direito irá assentar suas baterias contra o Positivismo Jurídico de Hans Kelsen. O Positivismo, que se havia consolidado no Século XIX, marcando

---

22. T. F. Schoedl, *Liberdade de imprensa...*, p. 97.

23. T. F. Schoedl – M. F. Lamanauskas. *Direito Constitucional.* In: A. G. A. Pedroso. Questões Comentadas do Exame Oral – Concursos de Cartórios. São Paulo: YK Editora, 2017, p. 287.

24. C. O. Tavares Neto. *O inquérito do apocalipse: da pós verdade à barbárie.* In: C. R. M. Piovezan (org.). Inquérito do Fim do Mundo: o apagar das luzes do Direito Brasileiro. Londrina: Editora E.D.A, 2020, p. 115. Freyesleben aponto a origem do ativismo judicial

o início do Direito Moderno, surge como expressão superior da razão. O Positivismo Jurídico foi a mera expressão do pensamento moderno que informava a Ciência Moderna. O Direito passou a ser compreendido como uma verdadeira ciência (a ciência jurídica), dotada de pureza científica, método lógico-formal e neutralidade do intérprete, semelhante em tudo às ciências exatas e naturais.

A Teoria Crítica do Direito apressou-se em julgar instrumento de dominação o Positivismo Jurídico. O Estado, fonte privativa do direito, seria parcial, pois, posto que consagrasse a racionalidade, a ordem e a justiça, findava legitimando, mediante linguagem aparentemente neutra, o Direito como instância de poder e instrumento de dominação de classe.

A Teoria Crítica do Direito, em contrapartida, defendia que o jurista deveria assumir papel ativo, atuação concreta e militância (ativismo), com o fim de transformar a realidade. O Estado não seria a fonte exclusiva do Direito e, portanto, haveria direito não positivado, o que permitiria ao intérprete buscar a justiça ainda quando não houvesse lei.[25]

Tal fenômeno, embora aplaudido por muitos entusiastas, obviamente constitui grave distorção do sistema normativo e do próprio Estado Democrático de Direito, como se pretende demonstrar ao longo do presente trabalho.

25. M. L. C. Freyesleben. *O inquérito das feke news e a face oculta do ativismo judicial.* In: C. R. M. Piovezan (org.). Inquérito do Fim do Mundo: o apagar das luzes do Direito Brasileiro. Londrina: Editora E.D.A, 2020, p. 207.

2. Plano da obra

Através do método dialético, desenvolvido mediante estudo de casos múltiplos com abordagem interdisciplinar, a presente obra é focada em recentes decisões da Corte Suprema Brasileira (Supremo Tribunal Federal), as quais, em linhas gerais, correlacionam-se no sentido do mau emprego do Neoconstitucionalismo, pois o referido Tribunal, apoiando-se nas chamadas "inovações hermenêuticas", inerentes a esta doutrina, de forma reiterada vem desvirtuando o texto constitucional, produzindo um nefasto ativismo judicial, e, por consequência, decisões inconstitucionais, apesar deste mesmo órgão ser qualificado, formalmente, como guardião da Constituição Federal (CF, art. 102, *caput*).

O exame de cada decisão, para o qual será dedicado um capítulo específico, será desenvolvido com a mesma metodologia: a) uma introdução relatando o que foi decidido pelo STF, com a indicação do respectivo processo ou inquérito, e transcrição da ementa do julgamento ou da decisão; b) comentários sobre o tema, com fundamento na doutrina e jurisprudência; e c) análise de conteúdo da decisão, com as respectivas críticas e indexação das regras e princípios constitucionais e legais violados, adotando-se, desde logo, a classificação acima referida, proposta por Alexy, acerca da distinção entre normas, regras e princípios.[26]

26. Mais adiante, no Capítulo V, cuidar-se-ão dos postulados, como categoria distinta dos princípios.

O Capítulo I, denominado "Criminalização da homofobia: o *princípio lacrador* como fundamento de *pseudotipo* penal", cuida dos aspectos dogmático-penal e processual-constitucional relacionados ao julgamento conjunto da ADO nº 26 e do MI nº 4733, pelo qual o STF criminalizou a homofobia por analogia *in malam partem*, diante da ausência do indispensável tipo penal na legislação.

Os Capítulos II e III, em linhas gerais, tratam dos limites das competências traçadas pela Constituição a cada um dos Poderes da República, abordando, respectivamente: a) Interferência do STF nas nomeações do presidente da República e a divisão constitucional de competências, mais precisamente, o MS nº 37097/DF, que suspendeu a nomeação e posse do diretor-geral da Polícia Federal; e b) Levantamento do sigilo de reuniões presidenciais e o princípio da publicidade da Administração Pública, especificamente o Inquérito nº 4831, determinando fosse tornada pública uma reunião secreta do presidente da República com seus ministros.

O famigerado "inquérito do fim do mundo", assim referido pelo próprio ministro Marco Aurélio Mello, é objeto do Capítulo IV, tratando da investigação das chamadas "*fake news*", de ofício, pelo STF, das liberdades de expressão e de imprensa, e do sistema acusatório, sobretudo o problema da reunião das funções de investigar, acusar e julgar num único órgão, além da imprecisão do próprio objeto do Inquérito nº 4781.

Finalmente, a possibilidade – ou impossibilidade – da prisão de parlamentares federais fora das hipóteses de flagrante por crime inafiançável, prevista no art. 53, parágrafo

2º, da Constituição Federal, é tema do Capítulo V, examinando-se o caso do deputado federal Daniel Silveira, cuja prisão resultou do Inquérito abordado no Capítulo anterior, analisando-se também os precedentes do STF relacionados ao assunto (AC nº 4039, AC nº 4070 e ADI nº 5526) e as modalidades de prisão.

Nas Considerações Finais, após uma breve incursão na temática do controle de constitucionalidade, apresentam-se possíveis métodos, dentro do Estado Democrático de Direito, para combater decisões inconstitucionais proferidas pela própria Corte Suprema, examinando-se os respectivos dispositivos legais e constitucionais, além da doutrina nacional e estrangeira, ressaltando-se a óbvia ausência de jurisprudência a respeito do tema.

CAPÍTULO I

Criminalização da homofobia: o princípio lacrador como fundamento de pseudotipo penal

1. O julgamento conjunto da ADO nº 26 e do MI nº 4733

Os termos transexualismo e homossexualismo[27] não se confundem: enquanto o primeiro se refere ao indivíduo aco-

---

27. Alguns mais histéricos costumam vociferar que o termo "homossexualismo" seria preconceituoso, sendo o mais correto "homossexualidade", o que não encontra respaldo na literatura técnica, que trata ambas as expressões como sinônimas. Confira-se, neste sentido: C. Aulete. *Dicionário contemporâneo da língua portuguesa*. 2ª ed. bras. rev., atual. e aumentada por Hamílcar de Garcia. Rio de Janeiro: Delta S.A., 1968, v. 3, p. 2084.

metido por uma patologia responsável por fazer com que deseje viver como se fosse uma pessoa do sexo oposto ao seu, o segundo diz respeito apenas à vontade do sujeito de manter relações sexuais ou amorosas com uma pessoa do mesmo sexo; no primeiro caso, portanto, há uma patologia, denominada de "síndrome da disforia de gênero",[28] inexistente no segundo. Os dois fenômenos igualmente não se confundem com o travestismo, que, de acordo com Szaniawski,

> [...] consiste na denominação da entidade na qual a pessoa apresenta uma imensa satisfação no uso de trajes típicos do sexo oposto. No tocante à sua sexualidade, o travesti pode ser um indivíduo heterossexual ou homossexual. Sua excitação erótica reside justamente no uso de roupas cruzadas ou roupas trocadas, do inglês, *cross-dressing*, praticando um verdadeiro ritual masturbatório associado a outras práticas eróticas de natureza heterossexual ou homosexual.[29]

Já o verbo "lacrar", segundo Caldas Aulete, refere-se à ação de fechar ou selar com um lacre, enquanto "lacrador" é o indivíduo que lacra, p. ex., garrafas de vinho num armazém.[30] Já no mundo contemporâneo tupiniquim, a gíria "lacração"

28. E. Szaniawski. *A transexualidade e a adequação do assento de nascimento.* Disponível em <<http://www.cartaforense.com.br/conteudo/artigos/a-transexualidade-e-a-adequacao-do-assento-de-nascimento/4361>>. Acesso em 06.11.2015. Aparentemente, o *site* www.cartaforense.com.br foi incorporado pelo *site* www.jusbrasil.com.br (https://carta-forense.jusbrasil.com.br), e, após tal incorporação, não foi mais possível localizar a referida publicação, além de outras, mesmo sendo enviados diversos *e-mails*; não obstante, o acesso ao artigo verificou-se na data supracitada, quando iniciadas as pesquisas sobre o tema do presente Capítulo.

29. E. Szaniawski, op. cit.

30. C. Aulete, op. cit., p. 2305.

foi instituída pela comunidade LGBTQ como sinônimo de "arrasar" ou "mandar bem",[31] e, posteriormente, acabou sendo representativa dos mais variados discursos e ações, normalmente impostos sem qualquer debate democrático, como modalidade de argumentação *ad nauseam*, sendo a criminalização da homofobia uma dessas pautas.[32]

Feitos tais esclarecimentos, talvez necessários para muitos operadores do Direito não familiarizados com tais expressões, o presente Capítulo pretende examinar os aspectos constitucionais, penais e processuais do julgamento conjunto da ação direta de inconstitucionalidade por omissão nº 26 e do mandado de injunção nº 4733, realizado em 13 de junho de 2019, pelo qual o STF criminalizou a homofobia, mesmo diante da ausência do indispensável tipo penal na legislação pátria, ressaltando-se, desde logo, que a abordagem é de cunho dogmático, e não ideológico; transcreve-se parcialmente a ementa do julgamento da ADO nº 26:

> AÇÃO DIRETA DE INCONSTITUCIONALIDADE POR OMISSÃO – EXPOSIÇÃO E SUJEIÇÃO DOS HOMOSSEXUAIS, TRANSGÊNEROS E DEMAIS INTEGRANTES DA COMUNIDADE LGBTI+ A GRAVES OFENSAS AOS SEUS DIREITOS FUNDAMENTAIS EM DECORRÊNCIA DE SUPERAÇÃO IRRAZOÁVEL DO LAPSO TEMPORAL NECESSÁRIO À IMPLEMENTAÇÃO DOS MANDAMENTOS CONSTITUCIONAIS DE CRIMINALIZAÇÃO INSTITUÍDOS PELO TEXTO CONSTITU-

31. Disponível em <<https://www.dicionariopopular.com/lacracao/>>. Acesso em 15.02.2021.

32. Neste sentido o projeto de Lei 515/17, do Senado Federal, incluindo, de forma canhestra, os discrímens "identidade de gênero" e "orientação sexual" na Lei 7.716/89.

CIONAL (CF, art. 5º, incisos XLI e XLII) – A AÇÃO DIRETA DE INCONSTITUCIONALIDADE POR OMISSÃO COMO INSTRUMENTO DE CONCRETIZAÇÃO DAS CLÁUSULAS CONSTITUCIONAIS FRUSTRADAS, EM SUA EFICÁCIA, POR INJUSTIFICÁVEL INÉRCIA DO PODER PÚBLICO – A SITUAÇÃO DE INÉRCIA DO ESTADO EM RELAÇÃO À EDIÇÃO DE DIPLOMAS LEGISLATIVOS NECESSÁRIOS À PUNIÇÃO DOS ATOS DE DISCRIMINAÇÃO PRATICADOS EM RAZÃO DA ORIENTAÇÃO SEXUAL OU DA IDENTIDADE DE GÊNERO DA VÍTIMA – A QUESTÃO DA 'IDEOLOGIA DE GÊNERO' – SOLUÇÕES POSSÍVEIS PARA A COLMATAÇÃO DO ESTADO DE MORA INCONSTITUCIONAL: (A) CIENTIFICAÇÃO AO CONGRESSO NACIONAL QUANTO AO SEU ESTADO DE MORA INCONSTITUCIONAL E (B) ENQUADRAMENTO IMEDIATO DAS PRÁTICAS DE HOMOFOBIA E DE TRANSFOBIA, MEDIANTE INTERPRETAÇÃO CONFORME (QUE NÃO SE CONFUNDE COM EXEGESE FUNDADA EM ANALOGIA 'IN MALAM PARTEM'), NO CONCEITO DE RACISMO PREVISTO NA LEI Nº 7.716/89 [...] DEMOCRACIA CONSTITUCIONAL, PROTEÇÃO DOS GRUPOS VULNERÁVEIS E FUNÇÃO CONTRAMAJORITÁRIA DO SUPREMO TRIBUNAL FEDERAL NO EXERCÍCIO DE SUA JURISDIÇÃO CONSTITUCIONAL – A BUSCA DA FELICIDADE COMO DERIVAÇÃO CONSTITUCIONAL IMPLÍCITA DO PRINCÍPIO FUNDAMENTAL DA DIGNIDADE DA PESSOA HUMANA – UMA OBSERVAÇÃO FINAL: O SIGNIFICADO DA DEFESA DA CONSTITUIÇÃO PELO SUPREMO TRIBUNAL FEDERAL – AÇÃO DIRETA DE INCONSTITUCIONALIDADE POR OMIS-

> SÃO CONHECIDA, EM PARTE, E, NESSA EXTENSÃO, JULGADA PROCEDENTE, COM EFICÁCIA GERAL E EFEITO VINCULANTE – APROVAÇÃO, PELO PLENÁRIO DO SUPREMO TRIBUNAL FEDERAL, DAS TESES PROPOSTAS PELO RELATOR, MINISTRO CELSO DE MELLO. PRÁTICAS HOMOFÓBICAS E TRANSFÓBICAS CONFIGURAM ATOS DELITUOSOS PASSÍVEIS DE REPRESSÃO PENAL, POR EFEITO DE MANDADOS CONSTITUCIONAIS DE CRIMINALIZAÇÃO (CF, ART. 5º, INCISOS XLI E XLII), POR TRADUZIREM EXPRESSÕES DE RACISMO EM SUA DIMENSÃO SOCIAL – Até que sobrevenha lei emanada do Congresso Nacional destinada a implementar os mandados de criminalização definidos nos incisos XLI e XLII do art. 5º da Constituição da República, as condutas homofóbicas e transfóbicas, reais ou supostas, que envolvem aversão odiosa à orientação sexual ou à identidade de gênero de alguém, por traduzirem expressões de racismo, compreendido este em sua dimensão social, ajustam-se, por identidade de razão e mediante adequação típica, aos preceitos primários de incriminação definidos na Lei nº 7.716, de 08/01/1989, constituindo, também, na hipótese de homicídio doloso, circunstância que o qualifica, por configurar motivo torpe (Código Penal, art. 121, § 2º, I, 'in fine') (Tribunal Pleno, Rel. min. Celso de Mello).

Já no MI nº 4733 foi dado provimento ao pedido para: "(i) reconhecer a mora inconstitucional do Congresso Nacional; e (ii) aplicar, até que o Congresso Nacional venha a legislar a respeito, a Lei 7.716/89 a fim de estender a tipificação prevista para os crimes resultantes de discriminação ou preconceito de raça, cor, etnia, religião ou procedência nacional à discriminação por orientação sexual ou identidade de gênero" (Tribunal Pleno, rel. min. Edson Fachin).

2. Aspectos penais: o princípio da reserva legal e a vedação da analogia *in malam partem*

Cuidando-se, inicialmente, da dogmática penal, tanto a Constituição Federal (art. 5º, XXXIX) como o Código Penal (art. 1º) adotaram o princípio da legalidade – ou, mais precisamente, da reserva legal penal –, na esteira da clássica fórmula de Feuerbach: *nullum crimen, nulla poena, sine praevia lege.*[33] Eis o teor dos dispositivos citados, os quais, em verdade, consagram tanto a reserva legal como a anterioridade: "Não há crime sem lei anterior que o defina, nem pena sem prévia cominação legal" (CF, art. 5º, XXXIX); "Não há crime sem lei anterior que o defina. Não há pena sem prévia cominação legal" (CP, art. 1º).

Portanto, para a tipificação de infrações penais – quaisquer delas, insista-se – exige-se a denominada "lei formal", sendo suficiente a lei ordinária (CF, art. 59, III), pois, se fosse

33. E. R. Zaffaroni. *Tratado de Derecho Penal: Parte General.* 4ª reimp. Buenos Aires: Ediar, 2006, v. 1, p. 139.

necessário lei complementar, o legislador constitucional deveria fazê-lo expressamente, daí por que, na lição de Puig Peña, "*las otras fuentes del Derecho, que acusan su presencia cuando se trata de cualquier otra materia jurídica, aparecen calladas y silenciosas en las cuestiones penales*". [34] Veda-se assim a tipificação de crimes e contravenções penais por medida provisória, lei delegada, decreto, regulamento, decreto legislativo ou resolução.

Na doutrina nacional, Frederico Marques ressalta que o princípio da legalidade "tem significado político e jurídico: no primeiro caso, é garantia constitucional dos direitos do homem, e, no segundo, fixa o conteúdo das normas incriminadoras",[35] enquanto Assis Toledo leciona que a reserva legal penal desdobra-se em quatro subprincípios, entre os quais cumpre destacar o "*nullum crimen, nulla poena sine lege stricta*", que consiste na vedação da analogia para criar infrações penais ou agravar a situação do agente (analogia *in malam partem*), admitindo-se-a somente em seu benefício (analogia *in bonam partem*), desde que exista "falha, omissão da lei, não tendo aplicação quando estiver claro no texto legal que a *mens legis* quer excluir de certa regulamentação determinados casos semelhantes".[36]

---

34. F. P. Penã. *Derecho Penal: Parte General.* 6ª ed. Madrid: Editorial Revista de Derecho Privado, 1969, Tomo I, p. 79.

35. J. F. Marques. *Tratado de Direito Penal.* 1ª ed. atual. v.I, Campinas: Bookseller, 1997, v. 1, p.183.

36. F. A. Toledo. *Princípios Básicos de Direito Penal.* 3ª ed. São Paulo: Saraiva, 1987, p. 25-26. Os demais subprincípios elencados pelo autor são: a) "*nullum crimen, nulla poena sine lege praevia*" (vedação da retroatividade da *lex gravior*); b) "*nullum crimen, nulla poena sine lege scripta*" (vedação do costume para criar infrações penais ou agravar a situação do agente; e c) "*nullum crimen, nulla poena sine lege certa*" (taxatividade) (p. 22-28).

Poderiam aqui ser citados inúmeros entendimentos doutrinários e jurisprudenciais sobre a necessidade de lei ordinária para criar tipos penais, como garantia do cidadão e da própria independência e harmonia dos Poderes (CF, art. 2º); todavia, a obviedade do tema, de fácil compreensão até mesmo para um estudante do primeiro ano de Direito, certamente dispensa maiores considerações, valendo, por ora, apenas destacar o seguinte trecho do voto vencido do ministro Lewandowski, na ADO nº 26: "A extensão do tipo penal para abarcar situações não especificamente tipificadas pela norma penal incriminadora parece-me atentar contra o princípio da reserva legal, que constitui uma fundamental garantia dos cidadãos, que promove a segurança jurídica de todos".

3. Aspectos processuais-constitucionais: a "síndrome de inefetividade da norma constitucional" e os "mandados constitucionais de criminalização"

Sob o prisma processual-constitucional, tanto a ação direta de inconstitucionalidade por omissão (modalidade de controle abstrato de constitucionalidade), como o mandado de injunção (remédio constitucional), visam combater o que o professor Cássio Juvenal Faria denomina "síndrome de ineficácia da norma constitucional",[37] ou seja, "a ausência de edi-

37. Em idêntico sentido: P. Lenza, op. cit., p. 362.

ção de uma lei que regulamente uma norma constitucional de eficácia limitada";[38] diferenciam-se tais instrumentos processuais porque, na primeira, o STF, na hipótese de procedência do pedido, deve apenas reconhecer a mora do Congresso Nacional,[39] enquanto no mandado de injunção, justamente por tutelar um direito subjetivo do impetrante, relacionado aos direitos e liberdades constitucionais e às prerrogativas inerentes à nacionalidade, à soberania e à cidadania, a procedência do pedido implica na sua proteção *in concreto*.

Nesta linha de raciocínio, e tratando-se, especificamente, da criação de tipos penais, há dois métodos apontados por Smanio, ambos obrigatoriamente deflagráveis por lei ordinária, como já consignado: a) político-criminal, levando-se em conta as transformações sociais e consequentes reivindicações por novas proteções na esfera penal; e b) dogmático-constitucional, quando há uma ordem expressa da Constituição Federal, dirigida ao legislador ordinário, para que este tipifique condutas criminosas, normas estas chamadas de "mandados, mandatos ou mandamentos constitucionais de criminalização",[40] ou ainda, de "obrigações expressas de tutela penal",[41] e.g., criminalização dos delitos hediondos e assemelhados, e de crimes ambientais (CF, arts. 5º, XLIII, e 225, § 3º).[42]

38. T. F. Schoedl, 2243 Questões..., p. 65.

39. P. Lenza, op. cit., p. 367.

40. STF, HC 104410/RS.

41. G. P. Smanio. A tutela penal constitucional. In: Revista Brasileira de Ciências Criminais. São Paulo: RT, ano 10, n. 39, jul/set, 2002, p. 126.

42. Transcrevem-se os citados dispositivos constitucionais:
Art. 5º, XLIII. a lei considerará crimes inafiançáveis e insuscetíveis de graça ou anistia a prática da tortura, o tráfico ilícito de entorpecentes e drogas afins, o terrorismo e os definidos como crimes hediondos, por eles respondendo os mandantes, os executores e os que, podendo evitá-los, se omitirem;

4. Análise de conteúdo das decisões

Nos casos analisados, apesar do esforço hermenêutico contido em ambos os acórdãos, conclui-se não existir, na Constituição Federal, ordem expressa alguma dirigida ao legislador ordinário ("mandado constitucional de criminalização") para que tipifique a homofobia como crime, pressuposto indispensável para configurar a referida "síndrome de inefetividade da norma constitucional de eficácia limitada", havendo apenas uma veiculação genérica, expressa no art. 5º, inciso XLI – "a lei punirá qualquer discriminação atentatória dos direitos e liberdades fundamentais" –, enquanto o inciso XLII trata, exclusivamente, da criminalização do racismo, e não da homofobia, assim dispondo: "A prática do racismo constitui crime inafiançável e imprescritível, sujeito à pena de reclusão, nos termos da lei".

A partir da equivocada interpretação do STF e valendo-se do mesmo dispositivo constitucional de caráter genérico e programático (CF, art. 5º, XLI), poderia agora exigir-se do Congresso Nacional a criação dos mais variados crimes, permitindo-se novas ações diretas de inconstitucionalidade por omissão e mandados de injunção, bastando que seja levantada alguma pauta – seja ou não de *cunho lacrador* –, o que, certamente, não corresponde à *ratio essendi* de tais mecanismos de direito processual-constitucional.

[...]
Art. 225, § 3º. As condutas e atividades consideradas lesivas ao meio ambiente sujeitarão os infratores, pessoas físicas ou jurídicas, a sanções penais e administrativas, independentemente da obrigação de reparar os danos causados.

Chama a atenção um trecho da ementa do acórdão da ADO nº 26, consignando-se que, "nada mais nocivo, perigoso e ilegítimo do que elaborar uma Constituição sem a vontade de fazê-la cumprir integralmente", pelo qual se transmite ao jurisdicionado a falsa ideia de que, no texto constitucional, há uma ordem expressa para que o legislador ordinário tipifique a homofobia como crime, a exemplo do que se observa nos citados delitos hediondos e equiparados, ambientais e de racismo – ou então, que o texto constitucional consagra, implicitamente, um *princípio lacrador* –, tratando-se de inaceitável argumento sofístico, ou seja, que "parecem ser argumentos ou refutações, mas em realidade não passam de ilogismos", consoante lição sempre atual de Aristóteles.[43]

E ainda que houvesse tal determinação constitucional, a mera ausência de tipificação penal – sobretudo em razão do princípio da intervenção mínima, que concebe o Direito Penal como "*ultima ratio* da política social" –,[44] não inviabiliza a proteção do bem jurídico, a qual pode ser implementada por outros ramos do Direito, e até mesmo pelo próprio Direito Penal, através de outros tipos penais. Exemplificando, se o agente, com *animus injuriandi*, chama um transexual de "viado",[45] a questão pode ser resolvida por uma ação de reparação de danos, com fundamento no art. 186 do Código Civil, bem

43. Aristóteles. Dos argumentos sofísticos. Coleção Os Pensadores IV. Rio de Janeiro: Abril Cultural, 1973, p. 161.

44. C. Roxin. Estudos de Direito Penal. Trad. de Luís Greco. Rio de Janeiro: Renovar, 2006, p. 13 e 52.

45. Aliás, no exemplo hipotético, deve ser considerada a ofensa proferida ("viado") por um sujeito heterossexual a um homossexual, pois, entre este último e seus pares, a mesma palavra é empregada de forma reiterada e representa até mesmo um tratamento carinhoso, tema que também deverá ser enfrentado pelos Tribunais, a partir da concepção do pseudotipo penal de homofobia.

como por queixa-crime por injúria, nos termos do art. 140 do Código Penal; importante mencionar, neste sentido, a lição de Olavo de Carvalho, que, embora de natureza extrajurídica, é bastante elucidativa:

> É descabido pretender que devam existir direitos *específicos* da comunidade gay, como não há direitos específicos dos abstinentes, dos sadomasoquistas, dos pedófilos etc. Uma opção ou preferência não pode, por si, ser geradora de direitos, o que reduziria o direito a uma questão de gosto. Na melhor das hipóteses, esses direitos criariam um problema insolúvel: se um homossexual decide tornar-se heterossexual ele perde seus direitos de homossexual ou os conserva? E, caso passe por um período de indecisão, ele há de ter e não ter esses direitos ao mesmo tempo? Uma deficiência, porém, se não é um direito, pode ser geradora de direitos (como no caso dos cegos e aleijados, por exemplo): mas os homossexuais aceitariam acaso receber direitos especiais como portadores de uma deficiência? Nunca. Logo, pelos dois lados, a pretensão a direitos específicos é absurda. Um gosto pode gerar obrigações, nunca direitos.[46]

Embora não se pretenda aderir, integralmente, à teoria pura do Direito preconizada por Kelsen,47 observa-se, na espécie, a consolidação do que já havia alertado o professor

---

46. Olavo de Carvalho. O imbecil coletivo. 4ª ed. Rio de Janeiro; São Paulo: Editora Record, 2019, p. 210.

47. Confira-se, a respeito, a Introdução da obra.

Carlos Frederico Nogueira, ao se referir à revogada prescrição antecipada ou virtual: "Sempre que a tese jurídica é absurda, a doutrina e a jurisprudência laxistas (pseudoliberais) acabam 'dourando a pílula', outorgando-lhe denominações pseudo-científicas e sofisticadas".[48]

Tais pílulas, com efeito, são observadas nos seguintes trechos de ambos os acórdãos examinados, contendo expressões ideológicas e sem mínima carga de juridicidade: "inadmissibilidade do discurso de ódio", "democracia constitucional", "dimensão social" [do tipo penal], "direitos das minorias", "sentido mínimo de justiça" e "erosão da consciência constitucional", verificando-se ainda o emprego da dignidade da pessoa humana como princípio-coringa (CF, art. 1º, III), agora com a inovação de que dele se extrai o "princípio da felicidade" – também aqui, plenamente cabível a advertência de Olavo de Carvalho, acerca da "massa de pseudoletrados" que compõe o "'intelectual coletivo' do gramcismo: o aparelho partidário de agitação e propaganda, onde a distribuição de frases feitas, de preconceitos e de cacoetes mentais faz as vezes de vida intelectual".[49]

Evidente, portanto, que não existe norma constitucional de eficácia limitada que justifique o manejo daqueles mecanismos processuais-constitucionais, de modo que, sob qualquer ângulo que se examine o tema, não há como fugir da conclusão de cuidar-se de odioso exemplo de ativismo judicial, fruto do mau emprego das chamadas "inovações hermenêuticas", ca-

---

48. C. F. C. Nogueira. O fim (parcial) da famigerada prescrição retroativa. Disponível em <<https://direito-vivo.jusbrasil.com.br/noticias/2185183/o-fim-parcial-da-famigerada--prescricao-retroativa>>. Acesso em 20.02.2021.

49. Op. cit., p. 42.

racterística do Neoconstitucionalismo;50 neste sentido o voto vencido do ministro Marco Aurélio Mello, apoiando-se em precedente da própria Corte Suprema (MI nº 624):

> Descabe, a partir da garantia à igualdade – artigo 5º, cabeça, da Constituição Federal –, assentar-se, num primeiro passo, a existência de direito público subjetivo à criminalização da conduta de outrem para, num segundo, vislumbrar-se ausência de norma a regulamentar o exercício de tal direito. A ressaltar essa óptica, observem ser da titularidade do Estado, e não dos particulares, o poder-dever de punir [...] [...] Daí vislumbrar na redação conferida ao inciso XLI da Constituição Federal espécie de 'mandado de criminalização' a vincular o legislador ordinário é passo demasiadamente largo, considerados o caráter programático da norma e a relativa amplitude semântica do texto. O Direito é uma ciência, possuindo expressões e vocábulos com sentido próprio, descabendo equiparar a forma verbal 'punirá' – gênero – à 'criminalizará' – espécie –, presente a possibilidade de ter-se, observado o comando constitucional, a instituição de sanções estranhas ao campo penal.
>
> Eventual opção pela criminalização de condutas motivadas pela 'orientação sexual e/ou identidade de gênero, real ou suposta, da vítima' há de se dar na esfera própria, em outra parte da Praça dos Três Poderes que não o Plenário do Supremo, não podendo, possível omissão, ser suplantada por exe-

50. No mesmo sentido, elencando a criminalização da homofobia como exemplo de ativismo judicial: R. Greco. *O STF e seus inquéritos ilegais.* In: C. R. M. Piovezan (org.). Inquérito do Fim do Mundo: o apagar das luzes do Direito Brasileiro. Londrina: Editora E.D.A, 2020, p. 88.

> gese extensiva da legislação em vigor. Ausente imposição, no âmbito criminal, de ordem ao legislador, reconhecer eventual omissão do Congresso Nacional não merece apoteose.

O precedente mencionado no voto vencido, aliás, foi no sentido da inadequação da via eleita, exatamente porque se pretendia, em mandado de injunção, o reconhecimento da mora do Congresso Nacional em tipificar crimes de responsabilidade de magistrados estaduais.

Quando se leciona ou escreve sobre a tipicidade, costuma-se trazer exemplos de tipos penais genéricos provenientes de regimes ditatoriais, como o cubano e o da ex-URSS, pelos quais se pretende enquadrar qualquer conduta como crime e legitimar o arbítrio estatal;[51] no entanto, as decisões do STF em comentário são ainda mais nocivas ao Estado dito "Democrático de Direito" (CF, art. 1º), pois, enquanto naqueles regimes, ao menos existem ou havia tipos penais aprovados pelos Poderes competentes (Legislativo e/ou Executivo), ainda que inconstitucionais pelas fórmulas genéricas, no Brasil sequer existe o tipo penal de homofobia, o qual foi "criado" por um órgão do Poder Judiciário, cujos servidores não são eleitos pelo povo, tratando-se de inaceitável analogia *in malam partem* travestida de interpretação conforme, pela qual praticamente foi sepultado o princípio da reserva legal penal, em nítido desvirtuamento do Neoconstitucionalismo, classificado aqui como *extremado*.

---

51. A título de exemplo, a Lei Cubana 425/59, que tipificava como crime "realizar qualquer outra atividade considerada contrarrevolucionária",

Outro problema intrincado foi levantado por Ludmila Grilo, em palestra proferida em Seminário sobre o Globalismo, quando a magistrada alertou sobre a dificuldade imposta ao próprio Ministério Público para oferecer denúncia na espécie – no lugar da conhecida fórmula “denuncio Fulano com incurso no art. X do Código Penal”, caberá ao órgão acusador redigir: “denuncio Beltrano como incurso no art. 20 da Lei 7.716/89, combinado com a decisão do STF na ADO nº 26 e no MI nº 4733”,[52] o que é simplesmente de “fazer corar um frade de pedra”, como dizem os lusitanos.

Merece aplausos, contudo, um único ponto do acórdão proferido na ADO nº 26: o reconhecimento do convívio harmônico entre o *pseudotipenal* de homofobia e a liberdade de crença e culto assegurada pelo art. 5º, inciso VI, da Constituição Federal, fundado em precedente do próprio STF (ADI nº 2566), como decorrência das teorias da ponderação e do balanço dos bens jurídicos, referidas por Alexy, Dworkin e Canotilho.[53] Assegurou-se assim “o direito de pregar e de divulgar, livremente, pela palavra, pela imagem ou por qualquer outro meio, o seu pensamento e de externar suas convicções de acordo com o que se contiver em seus livros e códigos sagrados”.

Em suma, o STF, valendo-se de inaceitável sofisma e *malabarismo hermenêutico,* reconheceu suposta “síndrome de inefetividade de norma constitucional” para criminalizar a homofobia, mediante analogia *in malam partem* travestida de

---

52. L. L. Grilo. O ativismo judicial a serviço do globalismo. In: Seminário “Globalismo”. Ministério das Relações Exteriores (MRE) e Fundação Alexandre de Gusmão (FUNAG). Disponível em <<https://www.youtube.com/watch?v=Cca1ZZAHR80 >>. Acesso em 16.02.2021.

53. R. Alexy, op. cit., p. 92-97; R. Dworkin, op. cit., p. 39-43; e J. J. G. Canotilho. Direito Constitucional. 5ª ed. Coimbra: Livraria Almedina, 1991, p. 174 e 195-196.

interpretação conforme, criando um *pseudotipo penal* fundamentado em *princípio lacrador* implicitamente consagrado no texto constitucional.

4.1. Princípios violados: separação dos Poderes – reserva legal penal – vedação da analogia *in malam partem*

4.2. Normas constitucionais e legais violadas: CF, arts. 2º, 5º, XXXIX e LXXI, e 103, § 2º; CP, art. 1º; e Lei 9.868/99, arts. 12-B, I, e 12-H, *caput*

CAPÍTULO II

Interferência do STF nas nomeações do Presidente da República e a divisão constitucional de competências

1. O julgamento do MS nº 37097/DF: suspensão da nomeação e posse do diretor-geral da Polícia Federal

As considerações de cunho normativo, doutrinário e jurisprudencial, contidas no presente Capítulo, aplicam-se integralmente ao Capítulo seguinte, pois eles se encontram em relação de estreita conexão, sobretudo porque a pedra angular dos temas enfrentados são, basicamente, os limites das competências traçadas pela Constituição a cada um dos três Poderes da República (Legislativo, Executivo e Judiciário).

Neste Capítulo será examinado se compete ao Poder Judiciário, notadamente à Corte Suprema, atuar como verdadeiro substituto do gestor público; tal questão não escapou à detida análise da doutrina constitucional e administrativa, fundada na premissa de que o controle jurisdicional dos atos administrativos se restringe à legalidade e não pode alcançar o mérito, ainda que admitida a análise da moralidade (TJSP, RDA 89/134);[54] Mazzilli, ao lidar com a temática dos interesses metaindividuais, faz a seguinte advertência:

> A pretexto de conceder tutela a interesses transindividuais, não pode o Poder Judiciário administrar em lugar do administrador ou impor ao Poder Executivo diretrizes de oportunidade e conveniência que só a este incumba considerar. Isso afasta, em princípio, a possibilidade de ajuizamento de ações civis públicas ou coletivas em matérias cujo juízo discricionário seja conferido pela lei estritamente ao administrador (o chamado *mérito* do ato administrativo discricionário).[55]

---

54. Assim restou decidido no referido julgado, de relatoria do desembargador Cardoso Rolim: "O controle jurisdicional se restringe ao exame da legalidade do ato administrativo; mas por legalidade ou legitimidade se entende não só a conformação do ato com a lei, mas também com a moral administrativa e com o interesse coletivo".

55. H. N. Mazzilli. *A defesa dos interesses difusos em juízo: meio ambiente, consumidor, patrimônio cultural, patrimônio público e outros interesses.* 26ª ed. rev., ampl. e atual. São Paulo: Saraiva, 2013, p. 147.

O mesmo autor, embora reconheça algumas situações que admitem a ação coletiva em face do Poder Público – visando, p. ex., a criação de vagas para crianças em escola ou atendimento adequado em postos de saúde –, sacramenta a impossibilidade de utilização do citado instrumento processual "para que o juiz administre em lugar do governante".[56]

Fixadas tais premissas, observa-se que o mandado de segurança nº 37097/DF, de caráter coletivo, foi impetrado pelo Partido Democrático Trabalhista (PDT), em face do presidente da República, alegando-se suposto direito líquido e certo que repousaria na ilegalidade (desvio de finalidade) de Decreto presidencial publicado em 28 de abril de 2020, pelo qual Alexandre Ramagem Rodrigues foi nomeado para o cargo de diretor-geral da Polícia Federal.

Em decisão monocrática proferida pelo ministro Alexandre de Moraes, foi deferida medida liminar, suspendendo-se a nomeação e posse, nos moldes parcialmente transcritos:

> Em respeito à Separação de Poderes, o Presidente da República, como força motriz na condução do Estado nos regimes presidencialistas, acumula as chefias de Estado e de Governo, competindo-lhe a chefia da administração pública federal e a livre nomeação de seus ministros, secretários e funcionários de confiança, no intuito de imprimir o direcionamento na condução dos negócios políticos e administrativos do país.
>
> Observe-se, contudo, que com tão amplas atribuições e caracterizado pela concentração de poder

56. Ibid., p. 149.

pessoal na figura do Presidente, o sistema presidencialista garantiu sua imparcial e livre atuação, balizada necessariamente, pelos princípios constitucionais e pela legalidade dos atos do Chefe do Poder Executivo, a fim de manterem-se a independência e a harmonia dos Poderes da República [...] Assim, para efetivar-se verdadeiramente a denominada '*Constituição equilibrada*' defendida por BLACKSTONE, se por um lado, no exercício de suas atribuições, ao Presidente da República está assegurado o juízo de conveniência e oportunidade para escolher aqueles que entender como as melhores opções para o interesse público no âmbito dos Ministérios e, como na presente hipótese, na definição da chefia da Polícia Federal, por outro lado, o chefe do Poder Executivo deve respeito às hipóteses legais e moralmente admissíveis, pois, por óbvio, em um sistema republicano não existe poder absoluto ou ilimitado, porque seria a negativa do próprio ESTADO DE DIREITO, que vincula a todos – inclusive os exercentes dos poderes estatais – à exigência de observância às normas constitucionais.

A escolha e nomeação do Diretor da Polícia Federal pelo Presidente da República (CF, art. 84, XXV e Lei Federal 9.266/1996, art. 2º-C), mesmo tendo caráter discricionário quanto ao mérito, está vinculado ao império constitucional e legal, pois, como muito bem ressaltado por JACQUES CHEVALLIER, '*o objetivo do Estado de Direito é limitar o poder do Estado pelo Direito*' (*L'Etat de droit.* Paris: Montchrestien, 1992. p. 12).

A Constituição da República de 1988, ao constitucionalizar os princípios e os preceitos básicos da Administração Pública, permitiu um alargamento da função jurisdicional sobre os atos administrativos discricionários, consagrando a possibilidade de revisão judicial.

Logicamente, não cabe ao Poder Judiciário moldar subjetivamente a Administração Pública, porém a constitucionalização das normas básicas do Direito Administrativo permite ao Judiciário impedir que o Executivo molde a Administração Pública em discordância a seus princípios e preceitos constitucionais básicos, pois a finalidade da revisão judicial é impedir atos incompatíveis com a ordem constitucional, inclusive no tocante as nomeações para cargos públicos, que devem observância não somente ao princípio da legalidade, mas também aos princípios da impessoalidade, da moralidade e do interesse público [...] Nos atos discricionários, a opção conveniente e oportuna deve ser feita legal, moral e impessoalmente pela Administração Pública, ou seja, é na legalidade, na moralidade e na impessoalidade que a oportunidade deve ser apreciada pelo Poder Judiciário [...] Nesse contexto, ainda que em sede de cognição inicial, analisando os fatos narrados, verifico a probabilidade do direito alegado, pois, em tese, apresenta-se viável a ocorrência de desvio de finalidade do ato presidencial de nomeação do Diretor da Polícia Federal, em inobservância aos princípios constitucionais da impessoalidade, da moralidade e do interesse público.

São fatos notórios, além de documentados na inicial, que, em entrevista coletiva na última sexta-feira, dia 24/4/2020, o ainda Ministro de Estado da Justiça e Segurança Pública, Sérgio Fernando Moro, afirmou expressa e textualmente que o Presidente da República informou-lhe da futura nomeação do delegado federal Alexandre Ramagem para a Diretoria da Polícia Federal, para que pudesse ter *'interferência política'* na Instituição, no sentido de '*ter uma pessoa do contato pessoal dele', 'que pudesse ligar, colher informações, colher relatórios de inteligência'.*

Essas alegações foram confirmadas, no mesmo dia, pelo próprio Presidente da República, também em entrevista coletiva, ao afirmar que, por não possuir informações da Polícia Federal, precisaria '*todo dia ter um relatório do que aconteceu, em especial nas últimas vinte e quatro horas'* [...] em matéria do telejornal conhecido como 'Jornal Nacional', da Rede Globo de Televisão, foi divulgada conversa entre o ex-Ministro Sérgio Moro e o Presidente da República, ocorrida no dia 23/4/2020, pelo aplicativo *Whatsapp*, que, em tese, indicaria a insatisfação presidencial com a existência de um inquérito no SUPREMO TRIBUINAL FEDERAL como uma das razões para a troca da direção da Polícia Federal [...] Tais acontecimentos, juntamente com o fato de a Polícia Federal não ser órgão de inteligência da Presidência da República, mas sim exercer, nos termos do artigo 144, §1º, VI da Constituição Federal, com exclusividade, as funções de polícia judiciária da

> União, inclusive em diversas investigações sigilosas, demonstram, em sede de cognição inicial, estarem presentes os requisitos necessários para a concessão da medida liminar pleiteada, uma vez que o *fumus boni iuris* está comprovado pela instauração, no âmbito do SUPREMO TRIBUNAL FEDERAL, de inquérito para apuração de eventuais práticas de crimes relacionados, inclusive, à própria nomeação futura do comando da Polícia Federal, e o *periculum in mora* correspondente à irreparabilidade do dano, em virtude de a posse do novo Diretor-Geral da Polícia Federal estar agendada para esta quarta-feira, dia 29/4/2020, às 15h00, quando então passaria a ter plenos poderes para comandar a instituição.
>
> Diante de todo o exposto, nos termos do artigo 7o, inciso III da Lei 12.016/2016, DEFIRO A MEDIDA LIMINAR para suspender a eficácia do Decreto de 27/4/2020 (DOU de 28/4/2020, Seção 2, p. 1) no que se refere à nomeação e posse de Alexandre Ramagem Rodrigues para o cargo de Diretor-Geral da Polícia Federal (j. 29.04.2020).

Posteriormente, diante da nomeação do novo diretor-geral da Polícia Federal pelo presidente da República – com a qual, aparentemente, os membros do STF concordaram –, o citado *writ* foi julgado prejudicado pela perda de objeto.

2. A divisão constitucional de competências

Como visto na Introdução, os três Poderes da República exercem tanto funções típicas como atípicas; a Carta Magna, por sua vez, estabelece um rol de competências atribuídas a cada um desses Poderes, delimitando o âmbito de suas ações, uma vez que a invasão de competências por um dos Poderes, além de desvirtuar o sistema constitucional e gerar insegurança jurídica, irradia nocivos efeitos nas searas social, política e econômica. Tais competências constitucionais são classificadas em:[57]

a) Administrativas: também chamadas de "não legislativas" ou "materiais", dizem respeito ao "campo do exercício das funções governamentais", excluindo assim a função legiferante,[58] dividindo-se em:

> i- Exclusiva: não pode ser delegada a outra pessoa política;
>
> ii- Comum: também denominada "cumulativa, concorrente ou paralela",[59] conferida aos quatro entes federativos (União, Estados, Distrito Federal e Municípios);

---

57. P. LENZA, op. cit., p. 432-451.

58. Ibid., p. 432.

59. Ibid., p. 432.

iii- Residual: são aquelas não vedadas expressamente aos Estados e que não sejam exclusivas da União, Distrito Federal e Municípios;

b) Legislativas: referentes à função legiferante, ou seja, de produzir leis ou atos normativos, compreendendo as diversas espécies elencadas no art. 59, incisos I a VII, da Constituição Federal,[60] dividindo-se em:

i- Privativa: são as matérias restritas à União, o que não impede, todavia, a regulamentação pelos Estados e Distrito Federal de questões específicas, mediante lei complementar (CF, art. 22, parágrafo único),[61] além das matérias restritas aos Municípios, de interesse local;

ii- Concorrente: a União fixa normas gerais, enquanto os demais entes, normas regionais e locais; havendo inércia da União, os Estados e o Distrito Federal poderão suplementar a matéria, legislando sobre normas gerais, exercendo assim a "competência legislativa plena";[62]

---

60. Transcreve-se o citado dispositivo constitucional:
CF, Art. 59. O processo legislativo compreende a elaboração de:
I - emendas à Constituição;
II - leis complementares;
III - leis ordinárias;
IV - leis delegadas;
V - medidas provisórias;
VI - decretos legislativos;
VII - resoluções.

61. O mencionado dispositivo assim estabelece: "Lei complementar poderá autorizar os Estados a legislar sobre questões específicas das matérias relacionadas neste artigo.

62. P. Lenza, op. cit., p. 433.

iii- Residual: matérias não vedadas expressamente aos Estados e que não sejam privativas de outros entes federativos;

A competência administrativa exclusiva da União (função típica) é disciplinada pelo art. 21, incisos I a XXVI, enquanto a competência legislativa dessa mesma pessoa política é fixada no art. 22, incisos I a XXX. Já o art. 23, incisos I a XII, estabelece competências administrativas concorrentes entre a União, Estados, Distrito Federal e Municípios, enquanto o art. 24, incisos I a XVI, fixa a competência legislativa concorrente dessas mesmas pessoas políticas. O art. 25, parágrafo 1º, por sua vez, estabelece a chamada competência residual dos Estados, enquanto o art. 30, incisos I a IX, fixa competências tanto administrativas como legislativas dos Municípios; o Distrito Federal, por sua vez, acumula competências administrativas e legislativas tanto dos Estados como dos Municípios (CF, arts. 23 e 32, § 1º).

De outra parte, as competências do Congresso Nacional, da Câmara dos Deputados e do Senado Federal estão previstas, respectivamente, nos arts. 48, incisos I a XV, e 49, incisos I a XVIII; no art. 51, incisos I a V; e no art. 52, incisos I a XV, da Constituição Federal, compreendendo tanto as relacionadas à função legiferante e fiscalizadora sobre o Poder Executivo (funções típicas), como as de natureza administrativa e até mesmo semelhantes à atividade jurisdicional, mas que com esta não se confundem (funções atípicas), como o processo e julgamento do *impeachment* (CF, arts. 51, I, e 52, I e II).

Já as competências do Poder Judiciário, de natureza jurisdicional (função típica),[63] encontram-se nos arts. 102, incisos I e II; 103, parágrafo 2º; 103-A, parágrafos 1º a 3º; 105, incisos I a III; 108, incisos I e II; 109, incisos I a XI; 114, incisos I a IX; 121, *caput* e parágrafos 1º a 4º; 124, *caput*; e nos arts. 125, parágrafos 1º a 7º, e 126, *caput*,[64] enquanto as de caráter administrativo e relativas à iniciativa de lei complementar sobre o Estatuto da Magistratura (funções atípicas), visando, basicamente, organizar a sua estrutura e a carreira de seus magistrados e servidores, encontram-se nos arts. 93, incisos I a XV; 94; 95, *caput*, incisos I a III, e parágrafo único, incisos I a V; 96, incisos I a III; e no art. 99, parágrafos 1º a 5º. Entre todas essas competências, é de se ressaltar a do STF para julgar, originariamente, o mandado de segurança contra atos do presidente da República (CF, art. 102, I, "a", 2ª parte).

Conforme lição de Lenza, "a Constituição fixa, de maneira clara, a repartição de competências entre os entes federativos, que, conforme visto, são autônomos, cada qual dentro de sua parcela de atribuições e capacidades de auto-organização, autogoverno, autoadministração e autolegislação", divisão também traçada, constitucionalmente, quanto às funções de cada um dos três Poderes da República.

---

63. Poderia, eventualmente, soar como pleonasmo a expressão "competência jurisdicional", fosse a presente abordagem de natureza estritamente processual, pois, nesta seara, a competência é definida por Liebman exatamente como a "*quantidade de jurisdição cujo exercício é atribuído a cada órgão ou grupo de órgãos*" (*apud* A. C. A. Cintra – A. P. Grinover – C. R. Dinamarco. *Teoria Geral do Processo*. 14ª ed. São Paulo: Malheiros, 1998, p. 229), verdadeira medida que fixa as causas afetas a cada juiz ou tribunal; todavia, o termo "competência jurisdicional" deve ser utilizado no âmbito constitucional para diferenciar as atividades de natureza jurisdicional e administrativas, desempenhadas pelo Poder Judiciário.

64. Competências jurisdicionais relacionadas ao STF, STJ e às Justiças Federal, do Trabalho, Eleitoral e Militar.

Feitos tais esclarecimentos, interessa tratar, no presente Capítulo, das competências administrativas privativas do presidente da República, fixadas no art. 84, incisos I a XXVIII, da Constituição Federal:

> CF, Art. 84. Compete privativamente ao Presidente da República:
>
> I - nomear e exonerar os Ministros de Estado;
>
> II - exercer, com o auxílio dos Ministros de Estado, a direção superior da administração federal;
>
> III - iniciar o processo legislativo, na forma e nos casos previstos nesta Constituição;
>
> IV - sancionar, promulgar e fazer publicar as leis, bem como expedir decretos e regulamentos para sua fiel execução;
>
> V - vetar projetos de lei, total ou parcialmente;
>
> VI - dispor, mediante decreto, sobre:
>
> a) organização e funcionamento da administração federal, quando não implicar aumento de despesa nem criação ou extinção de órgãos públicos;
>
> b) extinção de funções ou cargos públicos, quando vagos;
>
> VII - manter relações com Estados estrangeiros e acreditar seus representantes diplomáticos;
>
> VIII - celebrar tratados, convenções e atos internacionais, sujeitos a referendo do Congresso Nacional;
>
> IX - decretar o estado de defesa e o estado de sítio;
>
> X - decretar e executar a intervenção federal;

XI - remeter mensagem e plano de governo ao Congresso Nacional por ocasião da abertura da sessão legislativa, expondo a situação do País e solicitando as providências que julgar necessárias;

XII - conceder indulto e comutar penas, com audiência, se necessário, dos órgãos instituídos em lei;

XIII - exercer o comando supremo das Forças Armadas, nomear os Comandantes da Marinha, do Exército e da Aeronáutica, promover seus oficiais-generais e nomeá-los para os cargos que lhes são privativos;

XIV - nomear, após aprovação pelo Senado Federal, os Ministros do Supremo Tribunal Federal e dos Tribunais Superiores, os Governadores de Territórios, o Procurador-Geral da República, o presidente e os diretores do banco central e outros servidores, quando determinado em lei;

XV - nomear, observado o disposto no art. 73, os Ministros do Tribunal de Contas da União;

XVI - nomear os magistrados, nos casos previstos nesta Constituição, e o Advogado-Geral da União;

XVII - nomear membros do Conselho da República, nos termos do art. 89, VII;

XVIII - convocar e presidir o Conselho da República e o Conselho de Defesa Nacional;

XIX - declarar guerra, no caso de agressão estrangeira, autorizado pelo Congresso Nacional ou referendado por ele, quando ocorrida no intervalo das sessões legislativas, e, nas mesmas condições, decretar, total ou parcialmente, a mobilização nacional;

XX - celebrar a paz, autorizado ou com o referendo do Congresso Nacional;

XXI - conferir condecorações e distinções honoríficas;

XXII - permitir, nos casos previstos em lei complementar, que forças estrangeiras transitem pelo território nacional ou nele permaneçam temporariamente;

XXIII - enviar ao Congresso Nacional o plano plurianual, o projeto de lei de diretrizes orçamentárias e as propostas de orçamento previstos nesta Constituição;

XXIV - prestar, anualmente, ao Congresso Nacional, dentro de sessenta dias após a abertura da sessão legislativa, as contas referentes ao exercício anterior;

XXV - prover e extinguir os cargos públicos federais, na forma da lei;

XXVI - editar medidas provisórias com força de lei, nos termos do art. 62;

XXVII - exercer outras atribuições previstas nesta Constituição.

XXVIII - propor ao Congresso Nacional a decretação do estado de calamidade pública de âmbito nacional previsto nos arts. 167-B, 167-C, 167-D, 167-E, 167-F e 167-G desta Constituição.

Parágrafo único. O Presidente da República poderá delegar as atribuições mencionadas nos incisos VI, XII e XXV, primeira parte, aos Ministros de Estado, ao Procurador-Geral da República ou ao Advogado-Geral da União, que observarão os limites traçados nas respectivas delegações.

Trata-se, como o próprio nome diz, de atribuições conferidas apenas ao presidente da República, ou seja, somente em hipóteses excepcionais é que o Poder Judiciário poderá intervir, amparado no princípio da inafastabilidade da jurisdição (CF, art. 5º, XXXV); entre essas competências administrativas encontra-se a possibilidade de nomeação do presidente, diretores do Banco Central e outros servidores de alto escalão, conforme o inciso XIV, do art. 85, da Constituição Federal, justamente pelo fato de tal autoridade exercer a chefia do Poder Executivo, auxiliado pelos ministros de Estado (CF, art. 76),[65] tema que integra o mérito da decisão em comentário.

Necessário, entretanto, antes de abordar os limites da interferência do STF nas competências administrativas privativas do presidente da República, examinar alguns temas de Direito Administrativo, mais precisamente, a classificação dos atos administrativos em vinculados e discricionários, e o princípio da impessoalidade, além das modalidades de acesso aos cargos, empregos e funções na Administração Pública.

3. Atos administrativos vinculados e discricionários, e o princípio da impessoalidade

O ato administrativo é definido por Di Pietro como "a declaração do Estado ou de quem o represente, que produz

65. O mencionado dispositivo constitucional assim dispõe: "O Poder Executivo é exercido pelo Presidente da República, auxiliado pelos Ministros de Estado".

efeitos jurídicos imediatos, com observância da lei, sob regime jurídico de direito público e sujeita a controle pelo Poder Judiciário",[66] diferenciando-se do fato administrativo, que, segundo Meirelles, é "toda realização material da administração pública em cumprimento de alguma decisão administrativa".[67]

Entre as diversas classificações dos atos administrativos, interessa tratar daquela que os divide em vinculados e discricionários: enquanto nos primeiros, a atuação do administrador público encontra-se integralmente sujeita às determinações expressas da Lei – daí por que também são chamados de "regrados" –,[68] nos últimos, é conferida ao administrador uma parcela de liberdade, pela qual este, conforme a conveniência e oportunidade, poderá escolher a melhor solução para atender ao interesse público. Uma licença para construir e uma concessão de serviço público, por exemplo, são atos administrativos vinculados, enquanto uma autorização de porte de arma de fogo e uma permissão de serviço público são modalidades de ato administrativo discricionário.

Como já se afirmou, "a competência, a forma e a finalidade são aspectos sempre vinculados do ato administrativo, enquanto o motivo e o objeto integram o mérito administrativo";[69] em relação a estes dois últimos requisitos do ato administrativo, adverte Meirelles que "a Administração decide livremente, e sem possibilidade de correção judicial, salvo

---

66. M. S. Z. Di Pietro. *Direito Administrativo*. 25ª ed. São Paulo: Atlas, 2012, p. 203.

67. H. L. Meirelles. *Direito Administrativo Brasileiro*. 25ª ed. atual. por Eurico de Andrade Azevedo, Délcio Balastero Aleixo e José Emmanuel Burle Filho. São Paulo: Malheiros, 2000, p. 140.

68. Ibid., p. 156.

69. T. F. Schoedl, *2243 Questões...*, p. 101.

quando seu proceder caracterizar excesso ou desvio de poder".[70] Exemplificando, se há uma destinação de verba pública para a construção de uma escola ou uma creche, num determinado Município, caberá ao administrador decidir entre uma e outra, conforme seu juízo discricionário, sendo vedado ao Poder Judiciário imiscuir-se na sua decisão, como substituto de sua vontade – a inafastabilidade da jurisdição, nestes casos, cede espaço à separação de Poderes (CF, arts. 2º e 5º, XXXV).

Seja o ato administrativo vinculado ou discricionário, o controle jurisdicional deve restringir-se ao aspecto da legalidade, ou seja, sobre a conformidade do ato administrativo com a Lei – incluindo-se, obviamente, a adequação à Constituição Federal e demais espécies normativas –, devendo ser ressaltado que o ato discricionário não se confunde com o ato arbitrário, conforme advertência de Meirelles: "Discrição e arbítrio são conceitos inteiramente diversos. Discrição é liberdade de ação dentro dos limites legais; arbítrio é ação contrária ou excedente da lei".[71]

Ao produzir atos administrativos, o administrador deve pautar-se pela impessoalidade da Administração Pública (CF, art. 37, *caput*), princípio estreitamente ligado ao da igualdade entre os administrados; este último, na lição de Cretella Júnior, traduz a ideia de que "os administrados estão diante da Administração em absoluto pé de igualdade, vedados todos os privilégios ou distinções".[72] Por consequência, o princípio da impessoalidade deve ser compreendido em seu duplo signifi-

70. Op. cit., p. 145.

71. Ibid., p. 158.

72. Manual de Direito Administrativo..., p. 38.

cado: a) atendimento ao interesse público, sem favorecimento ou prejuízo de um administrado em detrimento de outro; e b) proibição de promoção pessoal em razão de atividades inerentes à Administração Pública (CF, art. 37, § 1º).[73]

No que se refere ao primeiro aspecto, exige-se, via de regra, concurso público para o acesso a cargos, empregos e funções na Administração, admitindo-se, excepcionalmente, nomeações para cargos em comissão, bem como de servidores temporários para situações emergenciais, tudo na forma do art. 37, incisos I, II, V e IX, da Constituição Federal (redação da EC 19/98):[74]

> CF, art. 37. A administração pública direta e indireta de qualquer dos Poderes da União, dos Estados, do Distrito Federal e dos Municípios obedecerá aos princípios de legalidade, impessoalidade, moralidade, publicidade e eficiência e, também, ao seguinte:
>
> I - os cargos, empregos e funções públicas são acessíveis aos brasileiros que preencham os requisitos estabelecidos em lei, assim como aos estrangeiros, na forma da lei;
>
> II - a investidura em cargo ou emprego público depende de aprovação prévia em concurso público de provas ou de provas e títulos, de acordo com a na-

73. T. F. Schoedl, 2243 Questões..., p. 114. Transcreve-se o citado dispositivo constitucional: "A publicidade dos atos, programas, obras, serviços e campanhas dos órgãos públicos deverá ter caráter educativo, informativo ou de orientação social, dela não podendo constar nomes, símbolos ou imagens que caracterizem promoção pessoal de autoridades ou servidores públicos".

74. Sobre a classificação dos agentes públicos, confira-se: M. S. Z. Di Pietro, op. cit., p. 581-589.

> tureza e a complexidade do cargo ou emprego, na forma prevista em lei, ressalvadas as nomeações para cargo em comissão declarado em lei de livre nomeação e exoneração;
>
> [...]
>
> V - as funções de confiança, exercidas exclusivamente por servidores ocupantes de cargo efetivo, e os cargos em comissão, a serem preenchidos por servidores de carreira nos casos, condições e percentuais mínimos previstos em lei, destinam-se apenas às atribuições de direção, chefia e assessoramento;
>
> [...]
>
> IX - a lei estabelecerá os casos de contratação por tempo determinado para atender a necessidade temporária de excepcional interesse público.

Quanto aos cargos de ministros do STF e dos Tribunais Superiores, governadores de Territórios, procurador-geral da República, presidente e diretores do Banco Central, e outros servidores, a Carta Magna confere tal prerrogativa ao presidente da República, como visto no citado art. 84, inciso XIV, exigindo-se, via de regra, a aprovação pelo Senado Federal; já o inciso I, do mesmo dispositivo, confere à mesma autoridade a prerrogativa de nomear e exonerar ministros de Estado; finalmente, no que se refere à nomeação do diretor-geral da Polícia Federal, tal prerrogativa encontra fundamento no art. 2º-C da Lei 9.266/96: "O cargo de Diretor-Geral, nomeado pelo Presidente da República, é privativo de delegado de Polícia Federal integrante da classe especial".

Nestes casos, por se tratar de ato privativo e discricionário, há certa mitigação do princípio da impessoalidade, pois, obviamente, o presidente nomeará um profissional de sua confiança, o que, todavia, não escapa totalmente ao controle jurisdicional, pois, mesmo em tais hipóteses, devem ser observados outros princípios da Administração, notadamente os da legalidade, moralidade e eficiência, evitando-se assim nomeações com objetivos espúrios (desvio de finalidade), além do famigerado nepotismo.[75]

Foi o que se observou, a título de exemplo, quando a então presidente da República, Dilma Rousseff, nomeou o ex-presidente Lula para o cargo de ministro-chefe da Casa Civil, em março de 2016, objetivando tão somente lhe conferir foro por prerrogativa de função, para que as diversas acusações criminais que lhe pesam fossem submetidas ao STF, e não ao magistrado de primeira instância, legal e constitucionalmente competente.

Referido ato administrativo, com efeito, não teve como fundamento os princípios da legalidade, moralidade e eficiência, pois a nomeação levou em conta o fato de que, no STF, Tribunal composto por muitos ministros indicados pelo próprio ex-presidente increpado, sua vitória seria certa – o que se comprovou posteriormente, através da inusitada anulação de suas condenações pelo mesmo órgão –,[76] razão pela qual a nomeação foi suspensa por decisão proferida nos mandados de segurança nº 34070 e 34071, quando o próprio STF reconheceu o desvio de finalidade.

---

75. Sobre a relação entre o nepotismo e o princípio da eficiência, confira-se: T. F. SCHOEDL, 2243 Questões..., p. 114-115.

76. Confira-se, a respeito: STF, HC 193726/PR.

4. Análise de conteúdo da decisão

Assiste razão ao ministro-relator do mandado de segurança nº 37097/DF, ao consignar que, mesmo nos atos administrativos discricionários, entre os quais se incluem as nomeações para cargos de confiança estratégicos pelo presidente da República, é possível o controle jurisdicional da legalidade, compreendendo também a moralidade, a impessoalidade e eficiência, princípios encampados pelo art. 37, *caput*, da Carta Magna.

Tal exame, como já afirmado, visa combater o desvio de finalidade, mesmo porque a finalidade é um dos requisitos do ato administrativo –[77] a sua bússola, na lição de Cretella Júnior –,[78] devendo ser compreendida em seu duplo aspecto: a) atendimento do interesse público (*lato sensu*); e b) resultado específico apontado na Lei (*stricto sensu*). Se o escopo do administrador é outro, evidenciado estará o desvio de finalidade, admitindo-se a revisão jurisdicional e possível anulação,[79] cuidando-se de simples aplicação do princípio da inafastabilidade da jurisdição, igualmente catalogado como garantia fundamental: "A lei não excluirá da apreciação do Poder Judiciário lesão ou ameaça a direito" (CF, art. 5º, XXXV).

---

77. M. S. Z. Di Pietro, op. cit., p. 209-218.

78. Na lição do autor, "o fim é o elemento posterior do ato, distinguindo-se nitidamente do objeto, do motivo e da causa. No ato, parte-se do motivo, passa-se pelo objeto para atingir-se determinado fim. O fim é a bússola do ato administrativo, é aquilo que vai nortear o administrador" (J. Cretella Júnior, Manual de Direito Administrativo..., p. 170).

79. T. F. Schoedl, 2243 Questões..., p. 100.

Contudo, faz-se necessário que este controle jurisdicional observe certos limites, exatamente para preservar a separação de Poderes e a legalidade, evitando-se que o Poder Judiciário, através de seus magistrados, imponha a sua vontade sobre a do gestor público, como, aliás, foi cinicamente ressaltado na própria decisão em comentário: "[...] não cabe ao Poder Judiciário moldar subjetivamente a Administração Pública".

Com efeito, a decisão monocrática do STF invadiu, sim, a subjetividade do administrador público – no caso, do presidente da República –, deixando transparecer a discordância da Corte com a nomeação do referido delegado da Polícia Federal, embora tenha sido consignado que o deferimento da medida liminar deu-se por outro motivo, qual seja, a suposta interferência da autoridade coatora na Polícia Federal, argumento que, efetivamente, não convence, pois não houve prova pré-constituída do alegado direito líquido e certo, no sentido de que o delegado nomeado estivesse submisso a eventuais caprichos do presidente da República, tratando-se de inaceitável presunção.

Ademais, como já afirmado, justamente por se tratar de cargo "de confiança", é natural que o administrador público nomeie uma pessoa na qual deposite sua confiança, o que não leva à presunção de que o nomeado atuará mediante cega submissão, cumprindo determinações ilegais.

Para tentar disfarçar a insatisfação da Corte Suprema com a indicação presidencial, mais uma vez foram trazidas expressões dotadas de elevado grau de subjetivismo e sem previsão normativa, tais como "Constituição equilibrada", somando-se a equivocadas interpretações de conversas entabuladas entre o ex-ministro da Justiça e o presidente da República, concluindo-se que este último, ao exigir relatórios diários sobre as ações da Polícia Federal, estaria tentando proteger os seus pares ou familiares.

O ministro-relator fez ainda uma equivocada interpretação do princípio da impessoalidade, ao afirmar que, "nos atos discricionários, a opção conveniente e oportuna deve ser feita legal, moral e impessoalmente pela Administração Pública, ou seja, é na legalidade, na moralidade e na impessoalidade que a oportunidade deve ser apreciada pelo Poder Judiciário". Insista-se: tratando-se de nomeações para cargos de confiança, obviamente que tal princípio deve ser mitigado, porquanto o administrador busca exatamente nomear profissionais nos quais deposita a sua confiança, não havendo qualquer juridicidade na presunção absoluta de que a nomeação impugnada objetivasse favorecer amigos e parentes investigados pela Polícia Federal – a presunção do ato administrativo impugnado deveria ser em favor da legitimidade, nos termos do art. 85, inciso XIV, da Constituição Federal, e do art. 2º-C, da Lei 9.266/96, concluindo-se que a decisão examinada é ilegal e inconstitucional, pois este tipo de controle judicial do mérito administrativo – travestido de controle de legalidade – não encontra respaldo do ordenamento jurídico, ferindo a própria legalidade (CF, art. 5º, II, e Lei 9.784/99, art. 2º).

A hipótese difere, em muito, do que se verificou nos mandados de segurança nº 34070 e 34071, referidos no item anterior, quando estava patente o desvio de finalidade na nomeação de um ex-presidente acusado de diversos crimes, para o cargo de ministro-chefe da Casa Civil, apenas para que fosse agraciado pelo foro por prerrogativa de função no STF, havendo, inclusive, comprometedoras interceptações telefônicas neste sentido.

Em suma, não compete ao julgador presumir, *jure et de jure* e muito menos na via estreita do mandado de segurança, que a exigência de relatórios diários sobre operações da Polícia Federal, pelo presidente da República, traduzisse alguma espécie de proteção a amigos ou parentes, a qual seria operacionalizada pelo delegado nomeado, razão pela qual deveria ser reconhecida a legalidade da nomeação via Decreto presidencial, preservando-se a separação de Poderes, pois cabe ao Poder Judiciário intervir somente em casos excepcionais, quando constatado o desvio de finalidade.

Por fim, sob o aspecto processual, a presunção de ilegitimidade do ato administrativo, sobretudo em exame de cognição sumária, violou o art. 373, inciso I, do Código de Processo Civil,[80] dispositivo que, consagrando a clássica fórmula de Chiovenda, impõe ao autor o ônus de comprovar o fato constitutivo de seu direito,[81] tarefa, efetivamente, não cumprida pelos impetrantes do MS nº 37097/DF.

---

80. Transcreve-se o citado dispositivo na sua integralidade:
CPC, Art. 373. O ônus da prova incumbe:
I - ao autor, quanto ao fato constitutivo de seu direito;
II - ao réu, quanto à existência de fato impeditivo, modificativo ou extintivo do direito do autor.

81. H. Theodoro Júnior. Curso de Direito Processual Civil: Teoria Geral do Processo Civil, Processo de Conhecimento e Procedimento Comum. 57ª ed. rev., atual e ampl. Rio de Janeiro: Forense, 2016, v. 1, p. 902. Referida distribuição do ônus probatório, conforme Cintra, Grinover e Dinamarco, "repousa principalmente na premissa de que, visando à vitória na causa, cabe à parte desenvolver perante o juiz e ao longo do procedimento uma atividade capaz de criar em seu espírito a convicção de julgar favoravelmente" (op. cit., p. 349).

4.1. Princípios violados: separação dos Poderes – legalidade

4.2. Normas constitucionais e legais violadas: CF, arts. 2º, 5º, II, 37, *caput*, e 84, XIV; CPC, art. 373, I; Lei 9.784/99, art. 2º; e Lei 9.266/96, art. 2º-C

CAPÍTULO III

Levantamento do sigilo de reuniões presidenciais e o princípio da publicidade da Administração Pública

1. Decisão monocrática proferida no Inquérito nº 4831, determinando fosse tornada pública uma reunião secreta do presidente da República com seus ministros

O Inquérito nº 4831, em trâmite perante o STF, versa sobre supostos delitos de de falsidade ideológica (CP, art. 299), coação no curso do processo (CP, art. 344), advocacia administrativa (CP, art. 321), prevaricação (CP, art. 319), obstrução de Justiça (art. 1º, § 2º, da Lei 12.850/2013), corrupção passiva privilegiada (CP, art. 317, § 2º) e denunciação caluniosa (CP, art. 339), além de crimes contra a honra (CP, arts. 138 a 140), imputados pelo procurador-geral da República ao presidente da República e ao ex-ministro da Justiça e Segurança Pública, Sérgio Fernando Moro, procedimento que, em última análise, investiga supostas interferências na Polícia Federal.

Uma das medidas deferidas ao longo da investigação foi o levantamento do sigilo de uma reunião do presidente da República com seus ministros, ocorrida no dia 22 de abril de 2020, no Palácio do Planalto, conforme ementa do ministro-relator Celso de Mello:

> EMENTA: 1. O caso ora em julgamento: a questão da divulgação, *total ou parcial*, da gravação da reunião ministerial realizada no dia 22/04/2020, *no Palácio do Planalto*. 2. O exercício imparcial e independente, pelo Supremo Tribunal Federal, da jurisdição penal. 3. Necessidade de respeito às prerrogativas fundadas no postulado do *'due process of law'*, com especial destaque para o insuprimível direito à prova, sob pena de ofensa direta à *cláusula constitucional que assegura o exercício do amplo direito de defesa* do investigado ou do réu (CF, art. 5º, inciso LV). 4. O direito à prova *como projeção concretizadora do devido processo legal*. 5. Legitimidade da requisição judicial de atos e documentos da Presidência da República, especialmente quando inocorrente hipótese de restrição de acesso à informação gover-

namental (Lei nº 12.527/2011, arts. 23 e 24): inoponibilidade ao Poder Judiciário, *notadamente em sede penal*, pelo Presidente da República, da cláusula do privilégio executivo (*'executive privilege'*). Um valioso precedente da Suprema Corte americana (*United States v. Nixon, 1974*). 6. O postulado constitucional da publicidade como consequência natural do regime democrático. 7. Publicidade e direito à intimidade e privacidade dos participantes de reunião governamental: possibilidade de *'full disclosure'* quando se tratar, *como na espécie*, de necessidade de acesso *a todos os elementos informativos considerados essenciais* ao pleno exercício, *em sede penal*, do direito constitucional de defesa. Inexistência, *no caso*, de tema concernente à segurança nacional. Incidência *do dogma da transparência* como prerrogativa essencial da cidadania. 8. Descoberta fortuita de prova *da aparente prática*, pelo Ministro da Educação, *de possível crime contra a honra* dos Ministros do Supremo Tribunal Federal. *9. Autorização prévia da Câmara dos Deputados como requisito constitucional de procedibilidade nos processos penais instaurados contra o Presidente da República: hipótese de legítimo exercício, pelo Parlamento, de controle político sobre a acusação penal (CF, art. 51, I, c/c o art. 86, 'caput').* 10. Conclusão: levantamento *da nota de sigilo*, pontual e temporária, que incide sobre o vídeo da reunião ministerial realizada em 22/04/2020, *no Palácio do Planalto*, e, *também*, sobre a transcrição integral de mencionada reunião, excluídas, *unicamente,* as referências feitas a determinados Estados estrangeiros (j. 22.05.2020).[82]

No bojo da decisão, o ministro-relator fundamentou a necessidade de levantamento do sigilo da reunião no direito à prova de um dos investigados, o referido ex-ministro da Justiça e Segurança Pública, pois tal requerimento foi deduzido por sua Defesa técnica, ressaltando-se, desde logo, a natureza não-absoluta dos direitos à privacidade e intimidade, temas que serão enfrentados na sequência.

2. Métodos de resolução dos conflitos entre regras e entre princípios: as teorias da ponderação e do balanço dos bens jurídicos (ALEXY, 2008; DWORKIN, 2010; CANOTILHO, 1991)

A Constituição Federal Brasileira, de caráter analítico, consagra diversos direitos, ora veiculados por regras, ora por princípios, fundada na premissa de que nenhum deles possui natureza absoluta, pois somente a relativização dos direitos envolvidos num determinado conflito é que permite uma harmônica convivência, diante das circunstâncias do caso concreto.

82. Grifos no original excluídos.

Nem mesmo o direito à vida, assegurado no art. 5º, *caput*, da Carta Magna, possui natureza absoluta; fosse assim, as excludentes de antijuridicidade ou de culpabilidade com resultado morte seriam inconstitucionais (CP, arts. 22, 23, I a III, 24, 25, e 128, I e II), o que, obviamente, não é a melhor exegese.

Há que se diferenciar, entretanto, os métodos aplicáveis ao conflito entre regras e ao conflito entre princípios, com base nas lições de Alexy, Dworkin e Canotilho:[83]

a) No conflito entre regras jurídicas, também chamado de "conflito aparente de normas"[84] ou de "antinomia",[85] considerando-se que estas impõem obrigações sob pena de sanção, aplica-se a denominada "lógica do tudo ou nada", referida por Dworkin, pois duas regras não podem ter eficácia simultânea, devendo prevalecer uma delas;[86] exemplificando, o tipo incriminador do art. 121, *caput*, do Código Penal, fundado na teoria

---

83. R. Dworkin, op. cit., p. 39-43; R. Alexy, op. cit., p. 92-93; J. J. G. Canotilho, op. cit., p. 174-196; H. Ávila, op. cit., p. 134-174; e T. F. Schoedl, *Liberdade de imprensa...*, p. 106-117.

84. Opta-se pela expressão conflito aparente de "regras", e não de "normas", justamente porque a "norma", como visto na Introdução, é o gênero do qual derivam as espécies "regras" e "princípios", com soluções diversas nos casos de colisão.

85. A antinomia não se confunde com a anomia, definida como a "ausência de norma jurídica que regule um determinado fato (lacuna), pressuposto lógico e necessário para a aplicação da analogia, dos costumes e dos princípios gerais do direito", diante da vedação do non liquet (T. F. Schoedl, 2243 Questões..., p. 520). Na precisa lição de Diniz, "o direito apresenta lacunas, porém é, concomitantemente, sem lacunas, o que poderia parecer paradoxal se se captasse o direito estaticamente. Ele é lacunoso porque a vida social apresenta nuanças infinitas nas condutas humanas, problemas surgem, mudam-se as necessidades com o progresso, o que torna impossível a regulamentação de todo comportamento por normas jurídicas. Mas é sem lacunas, porque o seu próprio dinamismo apresenta solução para qualquer caso sub judice, dada pelo Poder Judiciário ou Legislativo. O próprio direito supre seus espaços vazios, mediante a aplicação e criação de normas" (M. H. Diniz. Curso de Direito Civil Brasileiro: Teoria Geral do Direito Civil. 27ª ed. São Paulo: Saraiva, 2010, v. 1, p. 71-72).

86. R. Dwokin, op. cit., p. 39.

ratio cognoscendi, de Mayer,[87] pressupõe os indícios de ilicitude ao proibir o homicídio, cominando pena de 6 a 20 anos de reclusão, enquanto os arts. 23, inciso II, e 25, do mesmo diploma, comportam a exceção, excluindo a antijuridicidade nos casos de legítima defesa; há ainda três critérios inerentes à antinomia:

> i- Hierárquico: a regra de hierarquia superior prevalece sobre a inferior, v.g., a Constituição Federal sobre a lei ordinária, esta última sobre os regulamentos, e assim por diante, conforme o esquema piramidal de Kelsen;[88]
>
> ii- Cronológico: a lei posterior prevalece sobre a anterior (*lex posterior derogat priori*), salvo disposição em sentido contrário (Decreto-lei 4.657/42, art. 2º, § 1º);[89]
>
> iii- Especialidade: a lei especial prevalece sobre a geral (*lex specialies derogat generali*), conforme o art. 2º, parágrafo 2º, do Decreto-lei 4.657/42;[90] p.

87. Como já se afirmou, "para a teoria do caráter indiciário da ilicitude, proposta por Mayer, a tipicidade é apenas um indício da antijuridicidade ('ratio cognoscendi') e não o seu fundamento, de modo que, em princípio, todo fato típico é também antijurídico, salvo quando presente alguma das causas de justificação" (T. F. SCHOEDL, 2243 Questões, p. 193). Confira-se ainda: L. F. GOMES – S. MACIEL. A teoria da "ratio cognoscendi" e a dúvida do juiz sobre as excludentes de ilicitude. Disponível em <<https://lfg.jusbrasil.com.br/noticias/937720/a-teoria-da-ratio-cognoscendi-e-a-duvida-do-juiz-sobre-as-excludentes-de-ilicitude-luiz-flavio-gomes-e-silvio-maciel>>. Acesso em 2.09.2022.

88. H. KELSEN. Teoria Pura do Direito: Introdução à Problemática Científica do Direito. Trad. de J. Cretella Jr. e Agnes Cretella. 4ª ed. rev. da tradução. São Paulo: Editora Revista dos Tribunais, 2006, p. 94 e 102-112.

89. O referido dispositivo assim dispõe: "A lei posterior revoga a anterior quando expressamente o declare, quando seja com ela incompatível ou quando regule inteiramente a matéria de que tratava a lei anterior".

90. Transcreve-se o mencionado dispositivo: "A lei nova, que estabeleça disposições gerais ou especiais a par das já existentes, não revoga nem modifica a lei anterior".

ex., havendo um assassinato cometido pela mulher, em estado puerperal, contra o próprio filho, durante ou logo após o parto, o tipo de infanticídio prevalece sobre o de homicídio (CP, arts. 121 e 123), justamente em razão dessas "especializantes".[91]

b) Diversa, porém, é a solução no caso de conflitos entre princípios, pois cada um deles deve ser ponderado conforme as circunstâncias do caso concreto, sem necessidade de que um deles, no plano abstrato, seja declarado inválido ou constitua exceção do outro, como observado na colisão entre regras;[92] na lição de Canotilho, alicerçada no "balanço dos bens jurídicos, "a convivência dos princípios é conflitual (*ZAGREBELSKY*); a convivência das regras é antinómica. Os princípios coexistem, as regras antinómicas excluem-se",[93] enquanto Alexy assim discorre sobre o assunto:

> [...] o que ocorre é que um dos princípios tem precedência em face do outro sob determinadas condições. Sob outras condições a questão da precedência pode ser resolvida de forma oposta. Isso é o que se quer dizer quando se afirma que, nos casos concretos, os princípios têm pesos diferentes e que os

---

91. Como já se afirmou, com base nas lições de Gonçalves, "se a antinomia for solucionada pela aplicação de um dos três critérios, diz-se que o conflito é de 1º grau; sendo necessária a conjugação de dois ou três critérios, o conflito será de 2º grau; assim, havendo uma norma especial-anterior em conflito com outra geral-posterior, prevalece o critério da especialidade; no conflito entre uma norma superior-anterior e outra inferior-posterior, aplica-se o critério hierárquico" (T. F. Schoedl, 2243 Questões..., p. 521). Confira-se ainda: C. R. Gonçalves. Direito Civil Brasileiro: Parte Geral. 10ª ed. São Paulo: Saraiva, 2012, v. 1, p. 67.

92. R. Alexy, op. cit., p. 93.

93. Op. cit., p. 174.

princípios com maior peso têm precedência. Conflitos entre regras ocorrem na dimensão da validade, enquanto as colisões entre princípios – visto que só princípios válidos podem colidir – ocorrem, para além dessa dimensão, na dimensão do peso.[94]

Exemplificando, compete ao administrador, através de sua pasta específica, verificar a adequação de um projeto urbanístico às normas ambientais, mediante ponderação que leve em conta as circunstâncias do caso concreto, não havendo uma solução apriorística, no plano abstrato, a favor da proteção ambiental e contrária ao desenvolvimento econômico, diversamente do observado no exemplo do conflito entre os tipos penais de homicídio e infanticídio.[95]

Sob tal perspectiva é que se examinará o conteúdo da decisão em comentário.

---

94. Op. cit., p. 93-94. Carvalho ressalta que o método da ponderação, desenvolvido por Canotilho, Alexy e Dworkin, tem origem na chamada "teoria dos limites imanentes dos direitos fundamentais", estabelecida pela Corte Constitucional espanhola (Sentença nº 11/1981), com base na jurisprudência do Tribunal Constitucional alemão (L. G. G. C. CARVALHO. Liberdade de informação e o direito difuso à informação verdadeira. Rio de Janeiro: Renovar, 2003, p. 41).

95. Como já se afirmou, "essa máxima vale, inclusive, para o princípio da dignidade da pessoa humana, o qual não constitui exceção. Exemplo: quando o Supremo Tribunal Federal analisou a questão do aborto de feto anencéfalo (ADPF 54/DF), prevaleceu a dignidade da mãe em detrimento da vida do feto, mas isso não significa que, em outro conflito semelhante, decidir-se-á da mesma forma" (T. F. SCHOEDL, *Liberdade de imprensa...*, p. 113). Em sentido contrário: C. L. B. GODOY. *A liberdade de imprensa e os direitos da personalidade.* 3ª ed. São Paulo: Atlas, 2015, p. 60.

3. O princípio da publicidade da Administração Pública

Ao discorrer sobre os princípios da Administração Pública, expressos e tácitos,[96] Di Pietro ressalta a importância dessa categoria jurídica na ciência do Direito Administrativo, justamente porque a sua construção foi pretoriana, e não codificada, "permitindo à Administração e ao Judiciário estabelecer o necessário equilíbrio entre os direitos dos administrados e as prerrogativas da Administração".[97] No tocante ao princípio da publicidade, a autora menciona a exigência de "ampla divulgação dos atos praticados pela Administração Pública, ressalvadas as hipóteses de sigilo previstas em lei".[98]

Cretella Neto, amparado nas lições de Canotilho, classifica o princípio da publicidade entre aqueles de "função positiva", "informando materialmente os atos dos poderes públicos";[99] exatamente por esta razão, a publicidade deve ser a regra dos atos administrativos, tratando-se não apenas de um princípio constitucional da Administração Pública, mas de uma verdadeira condição de eficácia e validade do ato admi-

96. Os princípios expressos da Administração Pública compreendem a legalidade, impessoalidade, moralidade, publicidade, eficiência, finalidade, motivação, razoabilidade, proporcionalidade, ampla defesa, segurança jurídica e interesse público, veiculados pelos arts. 37, caput, da Constituição Federal, e 2º, caput, da Lei 9.784/99; entre os tácitos ou implícitos, podem ser citadas a supremacia e indisponibilidade do interesse público.

97. Op. cit., p. 64.

98. Ibid., p. 72.

99. Op. cit., p. 197. Segundo o mesmo autor, outros princípios encampam uma "função negativa", que os tornam relevantes nos chamados "casos limites", v.g., Estado democrático e ditadura (p. 197).

nistrativo, sobretudo para viabilizar o controle;[100] apenas excepcionalmente é que se impõe o sigilo, quando necessário à preservação da privacidade ou até mesmo da intimidade, ou se tratando de assuntos estratégicos do Governo.

A Constituição Federal disciplina o princípio da publicidade e as hipóteses em que se decreta o sigilo, seja na seara administrativa, seja na jurisdicional, além de prever o *writ* adequado nos casos de negativa ilegal de informação relativa ao administrado (*habeas data*), conforme dispositivos que se transcrevem:

> CF, Art. 5º, X - são invioláveis a intimidade, a vida privada, a honra e a imagem das pessoas, assegurado o direito a indenização pelo dano material ou moral decorrente de sua violação;
>
> [...]
>
> XIV - é assegurado a todos o acesso à informação e resguardado o sigilo da fonte, quando necessário ao exercício profissional;
>
> [...]
>
> XXXIII - todos têm direito a receber dos órgãos públicos informações de seu interesse particular, ou de interesse coletivo ou geral, que serão prestadas no prazo da lei, sob pena de responsabilidade, ressalvadas aquelas cujo sigilo seja imprescindível à segurança da sociedade e do Estado;

100. Como adverte Bandeira de Mello, assegurar a publicidade dos atos administrativos é uma decorrência do próprio Estado Democrático de Direito (C. A. Bandeira de Mello. Curso de Direito Administrativo. 29ª ed. rev. e atual. São Paulo: Malheiros, 2012, p. 117).

[...]

LX - a lei só poderá restringir a publicidade dos atos processuais quando a defesa da intimidade ou o interesse social o exigirem;

[...]

LXXII - conceder-se-á *'habeas-data'*:

a) para assegurar o conhecimento de informações relativas à pessoa do impetrante, constantes de registros ou bancos de dados de entidades governamentais ou de caráter público;

b) para a retificação de dados, quando não se prefira fazê-lo por processo sigiloso, judicial ou administrativo;

[...]

Art. 37. A administração pública direta e indireta de qualquer dos Poderes da União, dos Estados, do Distrito Federal e dos Municípios obedecerá aos princípios de legalidade, impessoalidade, moralidade, publicidade e eficiência [...].

[...]

§ 3º. A lei disciplinará as formas de participação do usuário na administração pública direta e indireta, regulando especialmente:

[...]

II- o acesso dos usuários a registros administrativos e a informações sobre atos de governo, observado o disposto no art. 5º, X e XXXIII;

> [...]
>
> Art. 93, IX - todos os julgamentos dos órgãos do Poder Judiciário serão públicos, e fundamentadas todas as decisões, sob pena de nulidade, podendo a lei limitar a presença, em determinados atos, às próprias partes e a seus advogados, ou somente a estes, em casos nos quais a preservação do direito à intimidade do interessado no sigilo não prejudique o interesse público à informação.

Em nível infraconstitucional, o art. 2º, parágrafo único, inciso V, da Lei 9.784/99, igualmente estabelece a publicidade como regra dos procedimentos administrativos, prevendo o sigilo como exceção,[101] enquanto a Lei 12.527/11 regula o acesso às informações contidas em órgãos públicos, incluindo-se não apenas os órgãos da Administração Pública, mas também do Poder Legislativo, Poder Judiciário, Ministério Público, "Cortes" de Contas e entidades da Administração Pública Indireta, conforme a bisonha redação do art. 1º, parágrafo único, incisos I e II;[102] já o art. 11, *caput* e parágrafo único, do

---

101. O mencionado dispositivo assim dispõe:
Lei 97.84/99, Art. 2º. A Administração Pública obedecerá, dentre outros, aos princípios da legalidade, finalidade, motivação, razoabilidade, proporcionalidade, moralidade, ampla defesa, contraditório, segurança jurídica, interesse público e eficiência.
Parágrafo único. Nos processos administrativos serão observados, entre outros, os critérios de:
[...]
V - divulgação oficial dos atos administrativos, ressalvadas as hipóteses de sigilo previstas na Constituição;

102. Transcreve-se o citado dispositivo:
Lei 12.527/11, Art. 1º. Esta Lei dispõe sobre os procedimentos a serem observados pela União, Estados, Distrito Federal e Municípios, com o fim de garantir o acesso a informações previsto no inciso XXXIII do art. 5º , no inciso II do § 3º do art. 37 e no § 2º do art. 216

Código de Processo Civil, estabelece a publicidade dos julgamentos e dos processos como regra geral, impondo o sigilo por exceção, geralmente nos casos envolvendo menores ou a privacidade e intimidade das partes, avaliação que compete ao magistrado.[103]

4. A prova como direito fundamental

Cintra, Grinover e Dinamarco conceituam a prova como "o instrumento por meio do qual se forma a convicção do juiz a respeito da ocorrência ou inocorrência dos fatos controvertidos no processo",[104] ou seja, a produção de provas é tanto um direito como um ônus da parte, porquanto sua inércia fatalmente acarretará a improcedência de sua pretensão. No entanto, a disciplina jurídica do direito à prova é diversa, conforme se trate de procedimento contraditório ou inquisitivo, tema que será esmiuçado no próximo item.

---

da Constituição Federal.
Parágrafo único. Subordinam-se ao regime desta Lei:
I - os órgãos públicos integrantes da administração direta dos Poderes Executivo, Legislativo, incluindo as Cortes de Contas, e Judiciário e do Ministério Público;
II - as autarquias, as fundações públicas, as empresas públicas, as sociedades de economia mista e demais entidades controladas direta ou indiretamente pela União, Estados, Distrito Federal e Municípios.

103. Transcreve-se o mencionado dispositivo:
CPC, Art. 11. Todos os julgamentos dos órgãos do Poder Judiciário serão públicos, e fundamentadas todas as decisões, sob pena de nulidade.
Parágrafo único. Nos casos de segredo de justiça, pode ser autorizada a presença somente das partes, de seus advogados, de defensores públicos ou do Ministério Público.

104. A. C. A. Cintra – A. P. Grinover – C. R. Dinamarco, op. cit., p. 347.

O direito à prova é uma decorrência natural do princípio do contraditório e da ampla defesa, implicitamente consagrado na parte final do art. 5º, inciso LV, da Constituição Federal: "Aos litigantes, em processo judicial ou administrativo, e aos acusados em geral são assegurados o contraditório e ampla defesa, com os meios e recursos a ela inerentes" (grifou-se); Grinover, Gomes Filho e Scarance, com base no *right to evidence* do Direito norte-americano, ressaltam que, "a garantia do contraditório não tem apenas como objetivo a defesa entendida em seu sentido negativo – como oposição ou resistência –, mas sim principalmente a defesa vista em sua dimensão positiva, como influência, ou seja, como direito de incidir ativamente sobre o desenvolvimento e o resultado do processo".[105]

Com efeito, de nada adiantaria a previsão de tal princípio como direito fundamental, como uma simples alegoria, se não fossem assegurados todos os instrumentos processuais para concretizá-lo, seja nos processos (judiciais), seja nos procedimentos administrativos *lato sensu*; em semelhante sentido a lição de Theodoro Júnior, referindo-se ao "direito fundamental à prova", decorrente não apenas do contraditório e da ampla defesa, como também da inafastabilidade da jurisdição e do devido processo legal (CF, art. 5º, XXXV e LIV): "Sem a garantia da prova, anula-se a garantia dos próprios direitos, já que 'todo direito resulta de norma e fato'. Portanto, sendo a existência ou o modo de ser do fato (origem do direito controvertido) posto em dúvida, não há como se possa fazer valor o direito sem a produção da prova".[106]

---

105. A. P. Grinover – A. M. Gomes Filho – A. S. Fernandes. As nulidades no processo penal. 11ª ed. rev., atual. e ampl. São Paulo: Revista dos Tribunais, 2009, p. 113-114.

106. H. Theodoro Júnior, op. cit., p. 869.

Além dos efeitos do direito à prova variarem conforme a natureza do procedimento, a Lei e a Constituição Federal fixam alguns limites à sua produção, vedando assim as chamadas provas proibidas (ilícitas, ilegítimas e ilícitas por derivação – CF, art. 5º, LVI; CPP, art. 157, *caput* e §§ 1º e 2º),[107] e as provas relacionadas a fatos notórios, incontroversos ou moralmente ilegítimas (CPC, arts. 369 e 374, I e III), além de outras situações nas quais devem ser ponderados os interesses envolvidos na controvérsia, pois, como qualquer direito fundamental, o direito à prova não é absoluto.[108]

5. Análise de conteúdo da decisão

O caso em estudo encerra um verdadeiro conflito entre diversos princípios constitucionais: de um lado, a publicidade dos atos administrativos e o direito à prova, e de outro, a proteção da privacidade, intimidade e o sigilo dos assuntos estratégicos do Governo, fazendo-se necessária a ponderação de cada um deles, conforme as circunstâncias do caso concreto.

Como visto, a publicidade é a regra dos atos administrativos, e apenas por exceção é que se decreta o sigilo, quando indispensável à proteção da privacidade, intimidade ou de assuntos estratégicos do Governo; Di Pietro traz exatamente a

---

107. Sobre as diferenças entre provas ilícitas, ilegítimas e ilícitas por derivação, confira-se: T. F. Schoedl, 2243 Questões..., p. 454; e V. F. Kümpel – T. F. Schoedl – B. A. Borgarelli. O caso Eliza Samúdio e a revogação de certidão de óbito: uma abordagem interdisciplinar, Parte III. Disponível em <<https://www.migalhas.com.br/arquivos/2016/11/art20161116-02.pdf>>. Acesso em 17.09.2022.

108. Em idêntico sentido: A. P. Grinover – A. M. Gomes Filho – A. S. Fernandes, op. cit., p. 121.

proteção da segurança pública como hipótese que autoriza o sigilo, consagrando-o também como direito fundamental, inclusive para os ocupantes de cargos públicos:

> [...] como a Administração Pública tutela interesses públicos, não se justifica o sigilo de seus atos processuais, a não ser que o próprio interesse público assim o determine, como, por exemplo, se estiver em jogo a segurança pública; ou que o assunto, se divulgado, possa ofender a intimidade de determinada pessoa, sem qualquer benefício para o interesse público [...] Nessas hipóteses, as informações obtidas não podem ser objeto de divulgação; não tem aplicação, nesses casos, a regra da publicidade
>
> Vale dizer que existe o sigilo como direito fundamental, ao qual corresponde o dever de sigilo, imposto a todos aqueles, sejam particulares, sejam agentes públicos, que tenham conhecimento de dados sigilosos que não lhes pertencem e em relação aos quais fica vedada a divulgação ou publicidade.[109]

Nesta linha de raciocínio, o art. 3º, inciso I, da Lei 12.527/11, igualmente concebe a publicidade como regra e o sigilo como exceção, enquanto os arts. 23 e 24, do mesmo diploma, referidos na decisão examinada, estabelecem as hipóteses em que o sigilo deve ser assegurado:

Lei 12.527/11, Art. 3º. Os procedimentos previstos nesta Lei destinam-se a assegurar o direito fundamental de

109. Op. cit., p. 72-73 (com grifos no original).

acesso à informação e devem ser executados em conformidade com os princípios básicos da administração pública e com as seguintes diretrizes:

> I - observância da publicidade como preceito geral e do sigilo como exceção;
>
> [...]
>
> Art. 23. São consideradas imprescindíveis à segurança da sociedade ou do Estado e, portanto, passíveis de classificação as informações cuja divulgação ou acesso irrestrito possam:
>
> I - pôr em risco a defesa e a soberania nacionais ou a integridade do território nacional;
>
> II - prejudicar ou pôr em risco a condução de negociações ou as relações internacionais do País, ou as que tenham sido fornecidas em caráter sigiloso por outros Estados e organismos internacionais;
>
> III - pôr em risco a vida, a segurança ou a saúde da população;
>
> IV - oferecer elevado risco à estabilidade financeira, econômica ou monetária do País;
>
> V - prejudicar ou causar risco a planos ou operações estratégicos das Forças Armadas;
>
> VI - prejudicar ou causar risco a projetos de pesquisa e desenvolvimento científico ou tecnológico, assim como a sistemas, bens, instalações ou áreas de interesse estratégico nacional;

VII - pôr em risco a segurança de instituições ou de altas autoridades nacionais ou estrangeiras e seus familiares; ou

VIII - comprometer atividades de inteligência, bem como de investigação ou fiscalização em andamento, relacionadas com a prevenção ou repressão de infrações.

Art. 24. A informação em poder dos órgãos e entidades públicas, observado o seu teor e em razão de sua imprescindibilidade à segurança da sociedade ou do Estado, poderá ser classificada como ultrassecreta, secreta ou reservada.

§ 1º. Os prazos máximos de restrição de acesso à informação, conforme a classificação prevista no caput, vigoram a partir da data de sua produção e são os seguintes:

I - ultrassecreta: 25 (vinte e cinco) anos;

II - secreta: 15 (quinze) anos; e

III - reservada: 5 (cinco) anos.

§ 2º. As informações que puderem colocar em risco a segurança do Presidente e Vice-Presidente da República e respectivos cônjuges e filhos(as) serão classificadas como reservadas e ficarão sob sigilo até o término do mandato em exercício ou do último mandato, em caso de reeleição.

§ 3º. Alternativamente aos prazos previstos no § 1º, poderá ser estabelecida como termo final de restrição de acesso a ocorrência de determinado evento, desde que este ocorra antes do transcurso do prazo máximo de classificação.

§ 4º. Transcorrido o prazo de classificação ou consumado o evento que defina o seu termo final, a informação tornar-se-á, automaticamente, de acesso público.

§ 5º. Para a classificação da informação em determinado grau de sigilo, deverá ser observado o interesse público da informação e utilizado o critério menos restritivo possível, considerados:

I - a gravidade do risco ou dano à segurança da sociedade e do Estado; e

II - o prazo máximo de restrição de acesso ou o evento que defina seu termo final.

No presente caso, em princípio, incidem as exceções à publicidade previstas no art. 23, incisos I, II, VII e VIII, da Lei 12.527/11, sobretudo porque, na essência, não se trata de genuíno ato administrativo proveniente da Administração Pública Federal, mas sim de reunião de seu chefe com os respectivos ministros, objetivando tratar de assuntos de todas as pastas, havendo, inclusive, pautas sobre segurança pública e assuntos estratégicos do Governo, de espectro nacional e internacional, os quais recomendavam o sigilo, ainda que "excluídas, *unicamente,* as referências feitas a determinados Estados estrangeiros", como ressalvado na decisão do STF.[110]

110. Link do referido vídeo disponível em <<https://g1.globo.com/politica/playlist/videos-assista-aos-videos-da-reuniao-entre-bolsonaro-e-ministros.ghtml>>. Acesso em 18.09.2022.

Equivoca-se o ministro-relator ao afirmar que a falta de classificação do nível de sigilo da informação – em secreta, ultrassecreta ou reservada, nos termos do art. 24, § 1º, I a III, Lei 12.527/11 – "confere, automaticamente, ampla publicidade à informação sob domínio estatal", pois, incoerentemente, na própria decisão foram elucidadas as hipóteses de sigilo previstas na Constituição Federal, sendo até mesmo impossível, sob o ponto de vista humano e logístico, a instauração de um procedimento administrativo de classificação para cada reunião presidencial.

Não obstante, a discussão ganha novos contornos quando o direito ao sigilo é cotejado com o direito à prova do investigado, devendo ser aplicado o clássico trinômio referido por Ávila: a) adequação: se o meio utilizado promove um fim; b) necessidade: entre todos os meios previstos, deve-se eleger o menos lesivo aos direitos fundamentais; e c) proporcionalidade em sentido estrito: se as vantagens trazidas pela promoção do fim correspondem às desvantagens ocasionadas pelos meios (equilíbrio entre meios e fins).[111]

A investigação, segundo Frederico Marques, "é atividade estatal da *persecutio criminis* destinada a preparar a ação penal",[112] de natureza inquisitiva, e não contraditória; disso resulta que os direitos da Defesa são limitados, ao contrário do que se verifica num processo ou procedimento administrativo,

111. Op. cit., p. 173-174. O mesmo autor, após apontar as dificuldades para dimensionar o referido trinômio no caso concreto, adverte que, "os três exames envolvidos na aplicação da proporcionalidade só aparentemente são incontroversos. Sua investigação revela problemas que devem ser esclarecidos, sob pena de a proporcionalidade, que foi concebida para combater a prática de atos arbitrários, funcionar, paradoxalmente, como subterfúgio para a própria prática de tais atos" (p. 174).

112. J. F. Marques. Elementos de Direito Processual Penal. 1ª ed. 2ª tiragem. Campinas: Bookseller, 1998, v. 1, p. 139.

nos quais devem ser assegurados o contraditório e a ampla defesa, sob pena de nulidade (CF, art. 5º, LV). Importante frisar que, após a revogação do inquérito judicial falimentar pela Lei 11.101/05, bem como do inquérito para expulsão de estrangeiro pela Lei 13.445/17,[113] não existe na legislação brasileira nenhum inquérito contraditório.

A natureza inquisitiva do inquérito fica evidenciada, conforme Capez, com o "procedimento do art. 107 do Código de Processo Penal, proibindo arguição de suspeição das autoridades policiais, e o art. 14, que permite à autoridade policial indeferir qualquer diligência requerida pelo ofendido ou indiciado (exceto o exame de corpo de delito, à vista do disposto no art. 184)".[114]

Ao contrário do que um exame menos cuidadoso possa sugerir, o mesmo raciocínio se aplica aos inquéritos que tramitam no STF, os quais não perdem a sua natureza inquisitiva; neste sentido a precisa lição de Tavares Neto:

> Inquéritos, por definição, pelo próprio sentido da palavra, só servem para 'inquirir', para investigar.

---

113. Os crimes falimentares passaram a ser investigados mediante inquérito policial (arts. 183 a 188, da Lei 11.101/05), enquanto a expulsão do estrangeiro é objeto de procedimento no qual é assegurado o contraditório e a ampla defesa (art. 58, caput, da Lei 13.445/17).

114. F. Capez. Curso de Processo Penal. 23ª ed. São Paulo: Saraiva, 2016, p. 118. Transcrevem-se os citados dispositivos:
CPP, Art. 14. O ofendido, ou seu representante legal, e o indiciado poderão requerer qualquer diligência, que será realizada, ou não, a juízo da autoridade.
[...]
Art. 107. Não se poderá opor suspeição às autoridades policiais nos atos do inquérito, mas deverão elas declarar-se suspeitas, quando ocorrer motivo legal.
[...]
Art. 184. Salvo o caso de exame de corpo de delito, o juiz ou a autoridade policial negará a perícia requerida pelas partes, quando não for necessária ao esclarecimento da verdade.

> Impor a vontade de uma pessoa sobre outra, impor limitações aos direitos de uma pessoa específica, é algo que é tipicamente objeto de um processo (cível ou penal). Poderíamos também pensar essa natureza nos moldes de decreto de algum estado totalitário em que não mais se disfarça divisão de poderes. Porém, o fato de ser o inquérito conduzido por um magistrado, inclinamo-nos a encaixá-lo por inteiro como um ato judicial (e ninguém duvida que mandados de busca e apreensão e deferimento de medidas protetivas são atividades judiciais em nosso sistema jurídico).[115]

Nessa mesma esteira o magistério de Czelusniak, diferenciando os casos de investigação "presidida" e "supervisionada" pelo STF:

> Embora as atividades de investigação sejam comumente chamadas de atividades de 'polícia judiciária', não pode haver dúvida de que não se confundem com atividades próprias da função judiciária; são somente atividades destinadas a subsidiar a atuação do Poder Judiciário em eventual ação penal. De resto, são completamente diferentes das atividades próprias da função judiciária, a começar pelo fato de que são desenvolvidas de ofício, por iniciativa própria do investigador, diferentemente da atuação jurisdicional do Estado, cuja característica essencial é a inércia [...] o fato de eventual investigação ser

115. Op. cit., p. 128.

> presidida pelo STF não significa que seja este mesmo STF o órgão judiciário com competência para jurisdicionar essa investigação, até porque isso traz impactos extremamente relevantes para o exercício do direito de defesa pelo investigado [...] a hipótese de investigação presidida pelo STF não se confunde com a hipótese de investigação supervisionada pelo STF. No caso das investigações contra autoridades que tenham prerrogativa de foro perante o STF, esta Corte não preside a investigação, mas apenas a supervisiona. Como regra, não parte dela (ou, pelo menos, não deveria partir), a iniciativa de realizar tal ou qual diligência, ainda que ela venha a decidir sobre essa diligência.[116]

Em suma, é possível a formulação de requerimentos pela Defesa, como decorrência do direito à prova; todavia, as soluções são distintas, conforme a natureza do procedimento: na fase de investigação (inquérito ou procedimento correlato), caberá à autoridade (policial ou judiciária) decidir livremente, conforme seu juízo de conveniência e oportunidade, justamente por se tratar de procedimento inquisitivo, sendo que eventual indeferimento, ainda que precariamente fundamentado, não importará em nulidade; já na ação penal ou em outro processo ou procedimento contraditório, o direito

---

116. M. S. CZELUSNIAK. A tentativa de arquivamento do inquérito das fake news pela Procuradoria-Geral da República. In: C. R. M. PIOVEZAN (org.). Inquérito do Fim do Mundo: o apagar das luzes do Direito Brasileiro. Londrina: Editora E.D.A, 2020, p. 175-178. Este assunto será retomado e aprofundado no Capítulo IV, que trata da investigação de fake news, na qual o STF valeu-se da regra do art. 43, de seu Regimento Interno, para presidir o inquérito.

à prova ganha maior abrangência, por força de mandamento constitucional (CF, art. 5º, LV), e uma vez indeferido eventual requerimento da Defesa, efetivamente destinado à busca da verdade real, haverá nulidade absoluta – em tal hipótese, como adverte Theodoro Júnior, "somente quando se evidenciar o descabimento ou a inutilidade da prova, é que sua inadmissão será legítima",[117] o que vem consignado no próprio art. 370, parágrafo único, do Código de Processo Civil: "O juiz indeferirá, em decisão fundamentada, as diligências inúteis ou meramente protelatórias".

Trazendo essas premissas para a decisão em comentário, observa-se que o requerimento de levantamento do sigilo da reunião presidencial partiu de um dos investigados, em sede de inquérito em tramitação no STF e "supervisionado" por este órgão, de modo que, tratando-se de "atividade puramente administrativa"[118] e de natureza inquisitiva, a sua apreciação sujeitava-se ao ato discricionário do ministro-relator.

Nesta linha de raciocínio, uma vez realizada a ponderação *stricto sensu* entre o direito ao sigilo e o direito à prova, seguida de um juízo discricionário a favor da produção da prova pretendida, deveriam ter sido adotadas as seguintes providências, sucessivamente:

a) Deferimento de outras provas que pudessem proporcionar o mesmo resultado ao investigado, como depoimentos dos ministros que participaram da reunião e requisição de documentos;

---

117. Op. cit., p. 869.

118. J. F. MARQUES, Elementos de Direito Processual Penal..., p. 146.

b) Se insuficientes tais diligências, aí sim, poderia ser determinada a requisição do vídeo da reunião e respectiva transcrição, porém, decretando-se o sigilo da investigação após a sua juntada nos autos, a fim de que ambos os direitos fundamentais fossem preservados.

Não foi, todavia, o que se observou, pois o levantamento do sigilo foi deferido *ab initio*, como se o direito de produzir provas, sobretudo na fase de inquérito – procedimento não-contraditório, insista-se –, tivesse natureza absoluta, contrariando-se, inclusive, o que o próprio ministro-relator consignou na decisão, no sentido de que, "não há, no sistema constitucional brasileiro, direitos ou garantias que se revistam de caráter absoluto".

Não deixou de causar, no mínimo estranheza, o empenho do STF para deferir requerimento da Defesa ainda na fase de inquérito, destoando do que normalmente ocorre em procedimentos dessa natureza, nos quais a mera juntada de um documento ou adiamento de um ato procedimental pode ser uma verdadeira jornada para a Defesa, já que as autoridades policial e judiciária podem se amparar nos citados arts. 14 e 184, do Código de Processo Penal.

Além disso, embora tal providência pudesse ser admitida excepcionalmente, com base no juízo discricionário do ministro-relator, devê-lo-ia ter sido na forma sucessiva mencionada, e ainda assim seguida do indispensável sigilo procedimental, evitando-se a divulgação da reunião ao público, a qual certamente se deu por motivos que não convém esmiuçar num trabalho de cunho jurídico.

Faz-se necessário, por derradeiro, examinar dois pontos específicos da decisão do STF:

a) "Incidência *do dogma da transparência* como prerrogativa essencial da cidadania" (ementa da decisão): como de praxe, o STF utilizou um termo sem qualquer carga de juridicidade, pois o sistema jurídico brasileiro não prevê "dogma da transparência" algum, mas sim o princípio da publicidade como regra e o sigilo como exceção, fazendo-se necessário o sopesamento conforme as circunstâncias do caso concreto;

b) "Descoberta fortuita de prova *da aparente prática*, pelo Ministro da Educação, *de possível crime contra a honra* dos Ministros do Supremo Tribunal Federal" (ementa da decisão): este trecho refere-se à fala do então ministro da Educação, Abraham Weintraub, com o seguinte teor: "*Eu, por mim, botava esses vagabundos todos na cadeia, começando no STF*";[119] não há falar-se em tipicidade, pois não houve qualquer individualização do sujeito passivo, pressuposto da consumação do crime de injúria, conforme lição de Hungria: "*si incertae personae convicium fiat, nulla executio est*".[120]

Resta evidente que o levantamento do sigilo da reunião presidencial não se deu para assegurar qualquer direito fundamental à prova de um dos investigados, objetivando o STF tão somente imiscuir-se em assuntos que não lhe competiam, como intruso gestor de políticas públicas, em clara afronta não apenas às exceções do princípio da princípio da publicidade, mas à própria separação dos Poderes – a grosso modo,

119. Disponível em << https://www.youtube.com/watch?v=XhlVahlVgCY>>. Acesso em 16.09.2022.

120. N. Hungria. Comentários ao Código Penal: Arts. 137 a 154. 3ª ed. rev. e atual. Rio de Janeiro: Forense, 1955, v. VI, p. 45.

tal conduta ilegítima em nada diferiu da famigerada "Maria do Bairro", que procura descobrir na feira o que as vizinhas dizem a seu respeito.

5.1. Princípios violados: separação de Poderes – publicidade – proteção da privacidade e intimidade.

5.2. Normas constitucionais e legais violadas: CF, arts. 2º, 5º, X e XXXIII, e 37, *caput* e § 3º, II; e Lei 12.527/11, arts. 23 e 24.

CAPÍTULO IV

Investigação de *"fake news"*, de ofício, pelo STF: liberdade de expressão e sistema acusatório

1. O Inquérito nº 4781: investigação de *"fake news"*

O Inquérito nº 4781 foi instaurado de ofício, pelo STF, tendo por objeto apurar a propagação de "*fake news*", entre outros fatos, conforme se extrai de informações obtidas na rede mundial de computadores, tendo em vista o sigilo processual decretado,[121] sendo possível, todavia, acessar o teor da decisão monocrática do então presidente da Corte, ministro Dias Toffoli, o qual, por meio da Portaria GP nº 69, de 14 de março de 2019, nomeou o ministro Alexandre de Moraes como relator:

> Considerando que velar pela intangibilidade das prerrogativas do Supremo Tribunal Federal e dos seus membros é atribuição regimental do Presidente da Corte (RISTF, art. 13, I);
>
> Considerando a existência de notícias fraudulentas (*fake news*), denunciações caluniosas, ameaças e infrações revestidas de *animus calumniandi, diffamandi* e *injuriandi*, que atingem a honorabilidade e segurança do Supremo Tribunal Federal, de seus membros e familiares,
>
> Resolve, nos termos do art. 43 e segs. do Regimento Interno, instaurar inquérito para apuração dos fatos e infrações correspondentes, em toda a sua dimensão.
>
> Designo para a condução do feito o eminente Ministro Alexandre de Moraes, que poderá requerer à Presidência da Turma a estrutura material e de pessoal necessária para a respectiva condução (sic).[122]

Percebe-se que, para justificar a instauração do inquérito no STF, o ministro-presidente valeu-se do art. 43, *caput*, e

121. Disponível em <<https://portal.stf.jus.br/processos/detalhe.asp?incidente=5651823>>. Acesso em 25.04.2022.

122. Disponível em <<https://www.conjur.com.br/dl/comunicado-supremo-tribunal-federal1.pdf>>. Acesso em 19.10.2022.

parágrafos 1º e 2º, do próprio Regimento Interno do Tribunal, que assim dispõe:

> RISTF, Art. 43. Ocorrendo infração à lei penal na sede ou dependência do Tribunal, o Presidente instaurará inquérito, se envolver autoridade ou pessoa sujeita à sua jurisdição, ou delegará esta atribuição a outro Ministro.
>
> § 1º. Nos demais casos, o Presidente poderá proceder na forma deste artigo ou requisitar a instauração de inquérito à autoridade competente.
>
> § 2º. O Ministro incumbido do inquérito designará escrivão dentre os servidores do Tribunal.

No âmbito deste procedimento investigatório foram deflagradas diversas medidas cautelares, como busca e apreensões e prisões de investigados, entre estes o deputado federal Daniel Silveira, tema que será enfrentado no próximo Capítulo, no qual encontra-se a ementa do julgamento relacionado à sua prisão, uma das poucas peças processuais disponíveis no *site* do STF, em razão do sigilo do inquérito,[123] além das decisões proferidas nas ADPF nº 704 e nº 877, promovidas em face deste procedimento.

Destarte, o presente Capítulo se restringe aos aspectos penais e processuais penais do Inquérito nº 4781, trazendo-se questionamentos acerca da tipicidade da conduta de "propagação de *fake news*" e da constitucionalidade deste procedimento

123. Disponível em <<https://jurisprudencia.stf.jus.br/pages/search?classeNumeroIncidente=%22Inq%204781%22&base=acordaos&sinonimo=true&plural=true&page=1&pageSize=10&sort=_score&sortBy=desc&isAdvanced=true >>. Acesso em 25.04.2022.

investigatório promovido pelo próprio STF, investigação que, até a edição desta obra, ainda encontrava-se em tramitação, apesar de sua instauração datar de 14 de março de 2019[124] e de cuidar-se de peça meramente informativa, ou seja, preparatória de ação penal até o momento não promovida.[125]

Em razão do elevado número de questões polêmicas relacionadas ao famigerado "inquérito do fim do mundo", assim referido pelo próprio ex-ministro Marco Aurélio de Mello, necessário o desmembramento que segue para uma melhor compreensão do tema. Quanto à metodologia, a exemplo do que se afirmou no item nº 2, do Capítulo II, as considerações que seguem são igualmente aplicáveis ao Capítulo V, porquanto a prisão ali abordada foi proveniente do mesmo Inquérito nº 4781.

2. Aspectos materiais

Antes de tratar da possibilidade ou não do STF, de ofício, instaurar inquérito e investigar pessoas sem foro por prerrogativa de função, é necessário compreender os limites das liberdades de expressão e de imprensa, em termos constitucionais e legais, para, na sequência, verificar se a conduta de "propagar *fake news*" constitui crime, tendo em vista o princípio da reserva legal penal (CF, art. 5º, XXXIX; CP, art. 1º).

---

124. Disponível em <<https://portal.stf.jus.br/processos/listarProcessos.asp?classe=&numeroProcesso=478>>. Acesso em 15.10.2022.

125. Sobre as características do inquérito policial, confira-se: T. F. Schoedl, 2243 Questões..., p. 421-422.

2.1. Conflito entre as liberdades de expressão e de imprensa, e os direitos da personalidade

Conforme estudado no Capítulo III, item nº 2, é natural que ocorram conflitos entre os diversos direitos constitucionais, sejam estes veiculados por regras, sejam por princípios; na espécie, cuida-se de um conflito entre os princípios da livre manifestação do pensamento e da proteção dos direitos da personalidade,[126] assegurados em níveis constitucional e legal (CF, arts. 1º, III, 5º, IV, V, IX e X, e 220, caput e §§ 1º e 2º; CC, arts. 11, 12, *caput*, e 20, *caput*), ambos classificados como "direitos de primeira dimensão", mencionados por Bobbio,[127] porquanto ligados à ideia de liberdade, muito embora o "direito à informação verdadeira" também configure um direito difuso, pertencente a um número indeterminado de pessoas,[128] e, como tal, integrante da terceira dimensão; transcrevem-se os citados dispositivos:

> CF, art. 1º. A República Federativa do Brasil, formada pela união indissolúvel dos Estados e Municípios

---

126. Os direitos da personalidade, segundo Telles Júnior, são aqueles "comuns da existência, porque são simples permissões dadas pela norma jurídica, a cada pessoa, de defender um bem que a natureza lhe deu, de maneira primordial e direta" (G. Telles Júnior. Direito subjetivo. In: R. L. França (coord.). Enciclopédia Saraiva do Direito. São Paulo: Saraiva, 1977, v. 28, p. 316).

127. N. Bobbio. A era dos direitos. Nova ed. trad. de Carlos Nelson Coutinho. Rio de Janeiro: Elsevier, 2004, p. 5-6.

128. L. G. G. C. Carvalho, op. cit., p. 105.

e do Distrito Federal, constitui-se em Estado Democrático de Direito e tem como fundamentos:

[...]

III - a dignidade da pessoa humana;

[...]

Art. 5º, IV – é livre a manifestação do pensamento, sendo vedado o anonimato;

V – é assegurado o direito de resposta, proporcional ao agravo, além da indenização por dano material, moral ou à imagem;

[...]

IX – é livre a expressão da atividade intelectual, artística, científica e de comunicação, independentemente de censura ou licença;

X – são invioláveis a intimidade, a vida privada, a honra e a imagem das pessoas, assegurado o direito a indenização pelo dano material ou moral decorrente de sua violação;

[...]

Art. 220. A manifestação do pensamento, a criação, a expressão e a informação, sob qualquer forma, processo ou veículo não sofrerão qualquer restrição, observado o disposto nesta Constituição.

§ 1º. Nenhuma lei conterá dispositivo que possa constituir embaraço à plena liberdade de informação jornalística em qualquer veículo de comunicação social, observado o disposto no art. 5º, IV, V, X, XIII e XIV.

§ 2º. É vedada toda e qualquer censura de natureza política, ideológica e artística.

CC, Art. 11. Com exceção dos casos previstos em lei, os direitos da personalidade são intransmissíveis e irrenunciáveis, não podendo o seu exercício sofrer limitação voluntária.

Art. 12. Pode-se exigir que cesse a ameaça, ou a lesão, a direito da personalidade, e reclamar perdas e danos, sem prejuízo de outras sanções previstas em lei.

[...]

Art. 20. Salvo se autorizadas, ou se necessárias à administração da justiça ou à manutenção da ordem pública, a divulgação de escritos, a transmissão da palavra, ou a publicação, a exposição ou a utilização da imagem de uma pessoa poderão ser proibidas, a seu requerimento e sem prejuízo da indenização que couber, se lhe atingirem a honra, a boa fama ou a respeitabilidade, ou se se destinarem a fins comerciais.

Nesta linha de raciocínio, não é possível adotar-se uma solução apriorística em favor de um dos princípios em colisão, devendo ser analisado, diante das circunstâncias do caso concreto, se houve ou não excesso na manifestação do pensamento, conforme as citadas teoria da ponderação e do abuso de direito; como já se afirmou, "o entendimento no sentido de que os direitos da personalidade seriam absolutos, inclusive a dignidade da pessoa humana, ou de que a liberdade de imprensa seria absoluta, não podendo sofrer qualquer limitação, tornaria impossível a solução de eventuais colisões".[129]

Uma vez constatado o abuso na manifestação do pensamento, há três tutelas de natureza civil em favor da vítima:[130]

a) Tutela preventiva: trata-se da "reparação *in natura*", referida por Godoy,[131] compreendendo as "ações cautelares, que visam evitar a prática de um ato lesivo aos direitos da personalidade, e as cominatórias ou mandamentais, também chamadas de tutela específica, nas quais se requer o cumprimento de uma obrigação de fazer ou não fazer".[132] Exemplo: proibição de exibição de matéria jornalística relacionada à intimidade da pessoa, com imagens obtidas de forma clandestina.[133]

Segundo o mesmo autor, tal possibilidade não se confunde com a censura, vedada, taxativamente, pela Carta Magna (art. 220, § 2º), pois, "não se trata de, previamente, e de forma injustificada, obstar o exercício da liberdade de imprensa. Cuida-se, antes, de garantir a própria função institucional que

---

129. T. F. Schoedl, Liberdade de imprensa..., p. 126.

130. Ibid., p. 134-161.

131. Segundo o autor, amparado nas lições de Carbonari, "as condenações pecuniárias sob a forma de perdas e danos são pouco eficazes. Melhor que esperá-los é a reparação in natura, e sobretudo uma ação preventiva destinada a ser mais rápida que as indiscrições, por meio de medidas tais que apreendam ou sequestrem jornais, livros, filmes etc. que portem atentado à vida privada" (C. L. B. Godoy, op. cit., p. 106).

132. T. F. Schoedl, Liberdade de imprensa..., p. 135.

133. Ibid., p. 135).

lhe é inerente",[134] não havendo assim um controle ideológico, político ou artístico da liberdade de expressão e de imprensa;

b) Ação de reparação de danos: fundada na Justiça corretiva aristotélica[135] e no princípio de retribuição (*Vergeltung*) kelseniano,[136] tem como pressuposto a caracterização do ato ilícito gerador do dever de indenizar, com todos os seus requisitos (conduta, dano, nexo causal e culpa *lato sensu*), incluindo-se a reparação dos danos morais e materiais decorrentes do abuso da manifestação do pensamento, na forma dos arts. 186, 187 e 927, *caput*, do Código Civil:

> CC, Art. 186. Aquele que, por ação ou omissão voluntária, negligência ou imprudência, violar direito e causar dano a outrem, ainda que exclusivamente moral, comete ato ilícito.
>
> Art. 187. Também comete ato ilícito o titular de um direito que, ao exercê-lo, excede manifestamente os limites impostos pelo seu fim econômico ou social, pela boa-fé ou pelos bons costumes.
>
> [...]
>
> Art. 927. Aquele que, por ato ilícito (arts. 186 e 187), causar dano a outrem, fica obrigado a repará-lo.

c) Direito de resposta: é a "possibilidade conferida à pessoa ofendida por veículo de comunicação de se defender

134. Op. cit.., p. 106.

135. Aristóteles. Ética a Nicômaco. Coleção Os Pensadores IV. Rio de Janeiro: Abril Cultural, 1973, p. 323-329.

136. H. Kelsen, O problema da Justiça..., p. 31-32.

publicamente, de maneira dinâmica e proporcional, corrigindo inverdades ou distorções contidas na matéria jornalística",[137] tutela, aliás, que independe da caracterização do ato ilícito, bastando a imprecisão na veiculação.

Além das tutelas de natureza civil, admite-se o manejo de ação penal, caso aperfeiçoada a tipicidade de algum dos crimes contra a honra (calúnia, difamação e injúria), previstos nos arts. 138, *caput*, 139, *caput*, e 140, *caput*, do Código Penal, estando as causas de aumento de pena fixadas no art. 141, *caput*, incisos I a IV, e parágrafos 1º e 2º, do mesmo diploma:

> CP, Art. 138. Caluniar alguém, imputando-lhe falsamente fato definido como crime:
>
> Pena - detenção, de seis meses a dois anos, e multa.
>
> [...]
>
> CP, Art. 139. Difamar alguém, imputando-lhe fato ofensivo à sua reputação:
>
> Pena - detenção, de três meses a um ano, e multa
>
> [...]
>
> CP, Art. 140 - Injuriar alguém, ofendendo-lhe a dignidade ou o decoro:
>
> Pena - detenção, de um a seis meses, ou multa.
>
> [...]

137. T. F. SCHOEDL, Liberdade de imprensa..., p. 164.

Art. 141 - As penas cominadas neste Capítulo aumentam-se de um terço, se qualquer dos crimes é cometido:

I - contra o Presidente da República, ou contra chefe de governo estrangeiro;

II - contra funcionário público, em razão de suas funções, ou contra os Presidentes do Senado Federal, da Câmara dos Deputados ou do Supremo Tribunal Federal;

III - na presença de várias pessoas, ou por meio que facilite a divulgação da calúnia, da difamação ou da injúria.

IV - contra criança, adolescente, pessoa maior de 60 (sessenta) anos ou pessoa com deficiência, exceto na hipótese prevista no § 3º do art. 140 deste Código.

§ 1º. Se o crime é cometido mediante paga ou promessa de recompensa, aplica-se a pena em dobro.

§ 2º. Se o crime é cometido ou divulgado em quaisquer modalidades das redes sociais da rede mundial de computadores, aplica-se em triplo a pena.

Nestes casos, a ação penal, via de regra, será privada, mediante queixa-crime promovida pelo próprio ofendido; excepcionalmente, a ação penal será pública condicionada à requisição do ministro da Justiça, quando o crime for praticado contra o presidente da República ou chefe de governo estrangeiro, ou condicionada à representação do ofendido, quando cometido o delito contra funcionário público em razão da função, ou contra os presidentes do Senado Federal, da Câmara os Deputados ou do STF, conforme o art. 145, *caput* e parágrafo único, do Código Penal, ressaltando-se que a Súmula nº 714 do STF admite a propositura de queixa-crime pelo próprio funcionário público vítima de crime contra a honra em razão da função (legitimidade concorrente); transcreve-se o citado dispositivo e o mencionado verbete:

> CPP, Art. 145 - Nos crimes previstos neste Capítulo somente se procede mediante queixa, salvo quando, no caso do art. 140, § 2º, da violência resulta lesão corporal.
>
> Parágrafo único. Procede-se mediante requisição do Ministro da Justiça, no caso do inciso I do caput do art. 141 deste Código, e mediante representação do ofendido, no caso do inciso II do mesmo artigo, bem como no caso do § 3º do art. 140 deste Código.
>
> Súmula nº 714, STF: É concorrente a legitimidade do ofendido, mediante queixa, e do ministério público, condicionada à representação do ofendido, para a ação penal por crime contra a honra de servidor público em razão do exercício de suas funções.

Em qualquer caso, a ação penal deverá ser proposta perante o Juízo do local da consumação da infração penal ou do domicílio do réu, conforme os arts. 70, *caput*, e 73, do Código de Processo Penal,[138] pois o foro por prerrogativa de função

138. Transcrevem-se os citados dispositivos:
CPP, Art. 70. A competência será, de regra, determinada pelo lugar em que se consumar a

somente se aplica quando eventual autoridade pratica o crime no exercício do cargo ou em razão dele, conforme a tese fixada na Ação Penal nº 937.[139]

2.2. Atipicidade da conduta de "propagar *fake news*" e a imprecisão deste conceito

Ainda que reconhecido o mencionado "direito difuso à informação verdadeira", a existência ou não de lesão a direitos, proveniente da manifestação do pensamento, deve ser avaliada em cada caso, não competindo ao Estado, muito menos ao Poder Judiciário, fixar conceitos genéricos, indeterminados e sem mínima carga de juridicidade, como "discursos de ódio", "atos antidemocráticos", "milícia digital", "desinformação", entre tantos outros,[140] visando exercer inaceitável controle sobre o indivíduo.

Como visto no Capítulo I, item nº 2, a criação de tipos penais está sujeita, aí sim de forma absoluta, à reserva legal penal, dependendo de lei ordinária aprovada pelo Congresso Nacional e sancionada pelo presidente da República (CF, art. 5º, XXXIX; CP, art. 1º), com a descrição precisa da conduta tí-

---

infração, ou, no caso de tentativa, pelo lugar em que for praticado o último ato de execução. [...]

Art. 73. Nos casos de exclusiva ação privada, o querelante poderá preferir o foro de domicílio ou da residência do réu, ainda quando conhecido o lugar da infração

139. Vide item nº 3.2.1.

140. Sobre o tema, vide outros termos empregados pelo STF, no Capítulo I, item nº 4.

pica. Excepcionalmente, em razão da necessidade de proteção do bem jurídico, admite-se a utilização de tipos penais abertos nos crimes culposos – p. ex., o homicídio culposo, previsto no art. 121, parágrafo 3º, do Código Penal, com a fórmula "se o crime é culposo", cabendo ao aplicador da Lei analisar a violação do dever de cuidado objetivo necessário, por imprudência, negligência ou imperícia –, admitindo-se também os elementos normativos do tipo, ou seja, "aqueles cujo significado depende de um juízo de valor",[141] contidos em expressões como "ou qualquer outro meio fraudulento" (CP, art. 171, *caput*), "indevidamente" (CP, art. 312, *caput*), "vantagem indevida" (CP, art. 316, *caput*), entre outras, não havendo, em tais hipóteses, ofensa à reserva legal penal, ou, mais precisamente, à taxatividade.[142]

Não obstante, verifica-se inexistir na legislação penal brasileira o crime de "propagar *fake news*", sendo de todo desnecessária e até mesmo nociva eventual tipificação, pois sequer existe um bem jurídico digno de proteção penal; importante mencionar a lição de Morgenstern, acerca da origem histórica do termo "*fake news*" (notícias falsas):

> Se o jornalismo da grande mídia, que enfrentava pela primeira vez desde a invenção da imprensa por Gutenberg um concorrente à altura – a internet e as redes sociais de rápida distribuição de conteúdo,

141. T. F. Schoedl, 2243 Questões..., p. 178.

142. Na lição de Fragoso, "no caso de tipos penais abertos a ilicitude deve ser estabelecida pelo juiz, verificando se houve a transgressão das normas que a incriminação pressupõe. A fixação de critérios para a complementação do tipo atenua, como diz Welzel, a indeterminação da conduta típica. Os elementos normativos do tipo, que enfraquecem a função de garantia da lei penal, não atingem o princípio da legalidade" (N. Hungria – H. C. Fragoso. Comentários ao Código Penal. 6ª ed. Rio de Janeiro: Forense, 1980, v. 1, Tomo I, p. 227).

como Facebbok e Twitter – não fora capaz de guiar a população ao voto que não disfarçava considerar o correto, então sua própria narrativa não teria logrado êxito por conta de narrativas contrárias – e, ao contrário da grande mídia, 'falsas', *pela ótica da mídia*. O termo '*fake news*', resta comprovado, não fora objeto de debate em nenhum momento da eleição de Donald Trump. O pico de seu uso começa a se formar *após* as eleições. A interpretação deste fenômeno histórico é extremamente simples: grandes jornais precisavam de uma desculpa, e de uma desculpa perfeita – aquela que culpa os inimigos pelo próprio falhanço no empreendimento já quase abertamente eleitoral. Se a *narrativa* pró-Hillary não havia sido aceita pela população, certamente havia uma narrativa concorrente que atrapalhou seu sagrado trabalho. Ou seja, a maior eleição com peso em redes sociais e sites sem apoio da grande mídia fora vencida por supostas '*fake news*' espalhadas por tais sites.[143]

Embora se rejeite no presente trabalho o relativismo moral marxista,[144] salta aos olhos a imprecisão do conceito

143. F. Morgenstern. O Ministério da Verdade 2.0: o combate às (supostas) fake news é mais perigoso do que a mais perigosa das fake news. In: C. R. M. Piovezan (org.). Inquérito do Fim do Mundo: o apagar das luzes do Direito Brasileiro. Londrina: Editora E.D.A, 2020, p. 30-31. Nada muito diferente da alardeada necessidade de combater as denominadas "milícias digitais", após o resultado da eleição presidencial de 2018 no Brasil, contrariando a grande mídia e o establishment.

144. Sobre a penetração do marxismo cultural nas instituições, inclusive jurídicas, confira-se: Olavo de Carvalho, op. cit., e M. L. C. Freyesleben, op. cit., p. 203-216. Elucidativa, neste ponto, a constatação de Olavo de Carvalho: "A luta vitoriosa contra o comunismo

de "*fake news*", o qual possui elevado subjetivismo e permite ao aplicador da Lei, conforme seu livre arbítrio, definir o que é verdade e o que é mentira, podendo facilmente optar pela adequação típica quando a manifestação do pensamento não refletir a sua própria convicção ideológica, filosófica, política, econômica ou religiosa.[145]

Cuida-se de método semelhante ao dos tipos genéricos e manifestamente inconstitucionais, típicos de regimes totalitários e ditatoriais, como o da Lei Cubana 425/59, que tipificava o crime de "realizar qualquer outra atividade considerada contrarrevolucionária", ou aquele previsto no famigerado art. 58 do Código Penal da ex-URSS, versando sobre "crimes contrarrevolucionários" e "inimigos do povo". Dessa forma, bastaria ao aplicador da Lei consignar que, "Fulano praticou *fake news*", para, em seguida, com base nesta precária e arbitrária premissa, impor medidas restritivas de seus direitos, inclusive a prisão, o que não pode ser tolerado num Estado dito "Democrático de Direito" (CF, art. 1º, *caput*), assistindo total razão a Morgenstern, ao afirmar que, "o combate às (suposta) *fake news* é mais perigoso do que a mais perigosa das *fake news*".[146]

Além disso, eventual propagação de notícias falsas que viole direitos de terceiros pode ser devidamente combatida pelas tutelas legais examinadas no item anterior, inclusive de natureza penal, quando, nesta última hipótese, houver algum delito genuíno agregado à manifestação do pensamento, sen-

---

deixou no vencedor algo mais que cicatrizes gloriosas: tendo matado o gigante a dentadas, o herói descobre agora que o falecido era aidético" (op. cit., p. 51).

145. Como já se afirmou, "definir o que seja a 'verdade' é algo tormentoso e algumas vezes até impossível, pois a sua exata compreensão decorre sempre de uma avaliação subjetiva do observador" (Liberdade de imprensa..., p. 133).

146. Op. cit., p. 27.

do, portanto, totalmente desnecessária a criação de um tipo penal autônomo.

2.3. O Direito Penal como *"ultima ratio* da política social" (ROXIN, 2006)

O princípio da intervenção mínima – ou do minimalismo penal –, funciona como verdadeira bússola ao legislador, com a função de "determinar quais bens jurídicos serão protegidos pelo Direito Penal e quais serão resguardados pelos demais ramos do Direito, de modo que o Direito Penal somente atue naqueles espaços mínimos que envolvam lesões a interesses fundamentais",[147] como "*ultima ratio* da política social".[148]

Conforme Roxin, "mesmo nos casos em que um comportamento tenha de ser impedido, a proibição através de pena só será justificada se não for possível obter o mesmo efeito protetivo através de meios menos gravosos".[149] A origem de tal princípio pode ser identificada nos chamados "substitutivos penais", mencionados por Ferri:

> Para a defesa contra a criminalidade, é necessario indagar-hes as causas, e quanto ás que são mais modificáveis pelo legislador, procuro quanto possivel eliminá-las ou atenuá-las por meio de um conjunto de providencias (por mim chamadas 'substitutivos

147. T. F. Schoedl, 2243 Questões..., p. 161.

148. C. Roxin, op. cit., p. 13.

149. Ibid., p. 52.

penais') que fogem todas á alçada do codigo penal e que consistem em reformas práticas de ordem educativa, familiar, economica, administrativa, politica e tambem juridica (de direito privado e publico).[150]

Como examinado no item nº 2.1, já existem tutelas jurisdicionais, de natureza civil, destinadas a remediar as lesões provenientes de "*fake news*" (tutela preventiva, reparação de danos e direito de resposta), sendo completamente desnecessária a ação penal, mediante tipificação de um crime autônomo de "propagação de *fake news*", com evidente escopo de controlar a liberdade de expressão, e tolhendo-se, em última análise, a própria essência do indivíduo – uma faceta, insista-se, típica dos regimes mais totalitários e ditatoriais.

3. Aspectos processuais penais: sistemas processuais penais e princípios

São diversas as questões de Direito Constitucional e Processual que permeiam o Inquérito nº 4781, sobretudo de Direito Processual Penal; antes de tratar, especificamente, dos princípios relacionados ao tema, necessário tecer algumas considerações sobre os três modelos de sistema processual penal:

---

150. E. Ferri. *Princípios de Direito Criminal: o criminoso e o crime*. Trad. de Luiz de Lemos D'Oliveira. São Paulo: Livraria Acadêmica Saraiva e C., 1931, p. 43-44.

a) Sistema inquisitivo: quando as funções de investigar, acusar e julgar concentram-se nas mãos de uma única autoridade, com restrição aos direitos do acusado;[151] suas principais características são: i- concentração de poderes nas mãos do julgador, incluindo providências de ofício; ii- procedimento escrito e sigiloso; iii- ausência de contraditório; e iv- "defesa meramente decorativa";[152]

b) Sistema acusatório: as funções de acusar, defender e julgar são distribuídas entre diferentes atores, firmando-se o denominado "*actum trium personarum*",[153] com observância das garantias do devido processo legal, sobretudo a "igualdade das partes na presença de um juiz imparcial";[154]

c) Sistema misto: bifásico, composto por uma etapa inquisitiva, de natureza investigatória (instrução preliminar), e outra judicial, sob o crivo do contraditório e da ampla defesa (fase de julgamento).[155]

---

151. T. F. Schoedl, 2243 Questões..., p. 424. Adverte Zaffaroni que, "la inquisitio no debe identificarse con la inquisición romana, que fue una institución centralizadora del poder del Papa ni limitarse a ella, como tampoco con la inquisición ibérica al servicio del poder regio, pues se practicó como un modo de establecimiento de la verdad por todos los tribunales laicos, y fue – como vimos – el procedimiento usual de la justicia que acompaño a la revolución mercantil y al colinialismo. La virtud estaba siempre secuestrada por el poder y, por consiguiente, Dios también permanecía prisionero de éste. El poder que surgió de esta transformación fue el del señor, el del dominus, que monopolizaba el bien, que lo que se le oponía era siempre el mal" (El enemigo en el Derecho Penal. Segunda reimpresión. Buenos Aires, Ediar, 2009, p. 38-39).

152. G. S. Nucci. Código de Processo Penal Comentado. 12ª ed. rev., atual. e ampl. São Paulo: Revista dos Tribunais, 2013, p. 81.

153. P. H. Demercian – J. A. Maluly. Curso de Direito Processual Penal. 9ª ed. rev. e atual. Rio de Janeiro: Forense, 2014, p. 25

154. P. H. Demercian. Regime Jurídico do Ministério Público no Processo Penal. 1ª ed. São Paulo: Verbatim, 2009, p. 19.

155. G. S. Nucci, op. cit., p. 81.

Ao contrário do que tal classificação possa sugerir, "o Brasil adotou o sistema acusatório, pois o inquérito policial, que geralmente antecede a ação penal, é uma peça dispensável e meramente informativa",[156] de tal sorte que todo procedimento que importe em restrição dos direitos da pessoa investigada deverá, ainda que posteriormente, observar o princípio do contraditório e da ampla defesa, pois não se deve admitir mínimos resquícios do sistema inquisitivo no Direito Processual, notadamente no Processual Penal, sob pena de flagrante nulidade.

Assim, a função de investigar compete às Polícias Civil e Federal, e ao próprio Ministério Público, na qualidade de titular exclusivo da ação penal, cabendo ao advogado ou à Defensoria Pública promover a defesa do acusado, e ao magistrado singular ou a um órgão Colegiado, o julgamento, ressaltando-se que o processo judicialiforme, que era instaurado de ofício pelo juiz ou delegado de polícia, nos casos de contravenções penais (CPP, art. 26),[157] não foi recepcionado pela Constituição Federal, conforme dispositivos que se transcrevem:

> CF, Art. 129. São funções institucionais do Ministério Público:
>
> I - promover, privativamente, a ação penal pública, na forma da lei;
>
> [...]

---

156. T. F. SCHOEDL, 2243 Questões..., p. 425. No mesmo sentido: P. H. DEMERCIAN – J. A. MALULY, op. cit., p. 27. Em sentido diverso, defendendo a adoção do sistema misto pela legislação brasileira: G. S. NUCCI, op. cit., p. 81-83.

157. O art. 26 do Código de Processo Penal assim dispõe: "A ação penal, nas contravenções, será iniciada com o auto de prisão em flagrante ou por meio de portaria expedida pela autoridade judiciária ou policial".

VI - expedir notificações nos procedimentos administrativos de sua competência, requisitando informações e documentos para instruí-los, na forma da lei complementar respectiva;

VII - exercer o controle externo da atividade policial, na forma da lei complementar mencionada no artigo anterior;

VIII - requisitar diligências investigatórias e a instauração de inquérito policial, indicados os fundamentos jurídicos de suas manifestações processuais;

[...]

Art. 133. O advogado é indispensável à administração da justiça, sendo inviolável por seus atos e manifestações no exercício da profissão, nos limites da lei.

Art. 134. A Defensoria Pública é instituição permanente, essencial à função jurisdicional do Estado, incumbindo-lhe, como expressão e instrumento do regime democrático, fundamentalmente, a orientação jurídica, a promoção dos direitos humanos e a defesa, em todos os graus, judicial e extrajudicial, dos direitos individuais e coletivos, de forma integral e gratuita, aos necessitados, na forma do inciso LXXIV do art. 5º desta Constituição Federal .

[...]

> Art. 144, § 1º. A polícia federal, instituída por lei como órgão permanente, organizado e mantido pela União e estruturado em carreira, destina-se a:
>
> I - apurar infrações penais contra a ordem política e social ou em detrimento de bens, serviços e interesses da União ou de suas entidades autárquicas e empresas públicas, assim como outras infrações cuja prática tenha repercussão interestadual ou internacional e exija repressão uniforme, segundo se dispuser em lei;
>
> [...]
>
> § 4º. Às polícias civis, dirigidas por delegados de polícia de carreira, incumbem, ressalvada a competência da União, as funções de polícia judiciária e a apuração de infrações penais, exceto as militares.

3.1. O devido processo legal como "postulado" ou "metanorma" (ÁVILA, 2011) e os princípios decorrentes

Conforme já examinado na Introdução, adota-se no presente trabalho a classificação proposta por Alexy, o qual define os princípios como espécies de normas, de caráter mais abstrato do que as regras e funcionando como vetores de interpretação. Ávila, por sua vez, vai mais a fundo no tema, concebendo os "postulados", também chamados de "metanormas", como categoria jurídica distinta dos princípios; na lição do autor:

> Os postulados funcionam diferentemente dos princípios e das regras. A uma, porque não se situam no mesmo nível: os princípios e as regras são normas objeto da aplicação; os postulados são normas que orientam a aplicação de outras. A duas, porque possuem os mesmos destinatários: os princípios e as regras são primariamente dirigidos ao Poder Público e aos contribuintes; os postulados são frontalmente dirigidos ao intérprete e aplicador do Direito. A três, porque não se relacionam da mesma forma com outras normas: os princípios e as regras, até porque se situam no mesmo nível do objeto, implicam-se reciprocamente, quer de modo preliminarmente complementar (princípios), quer de modo preliminarmente decisivo (regras); os postulados, justamente porque se situam num metanível, orientam a aplicação dos princípios e das regras sem conflituosidade com outras normas.[158]

Na legislação brasileira podem ser citados os seguintes postulados: a) proporcionalidade e razoabilidade, exatamente por nortearem o aplicador da Lei na interpretação das próprias regras e princípios, sobretudo nas hipóteses de conflito, sendo expressamente consagrados pelos arts. 2º, *caput*, da Lei 9.784/99, e 8º, do Código de Processo Civil;[159] e b) dignidade

158. Op. cit., p. 134.

159. Transcrevem-se os citados dispositivos:

da pessoa humana (CF, art. 1º, III), funcionando como vetor de interpretação das regras e princípios nas mais variadas esferas do Direito, orientando o exegeta para uma solução que, via de regra, procure preservar os direitos humanos; e c) devido processo legal.

O devido processo legal (*due process of law*) "estabelece que a prestação jurisdicional deve observar as regras previstas na Constituição Federal e nas leis, de modo que o processo seja justo para as partes", previsto como garantia fundamental no art. 5º, inciso LIV, da Constituição Federal: "ninguém será privado da liberdade ou de seus bens sem o devido processo legal"; como já se afirmou,

> trata-se do princípio mais importante do Direito Processual, dele decorrendo todos os demais postulados inerentes ao processo (contraditório, ampla defesa, juiz natural, etc.), pois qualquer ato do juiz ou da parte que atentar contra estes, estará também violando o devido processo legal, o qual deve ser observado tanto no âmbito judicial, como na esfera administrativa ou disciplinar. Exemplo: se o juiz deixou de intimar o autor para a réplica ou não citou o réu para apresentar contestação, haverá ofensa não apenas ao princípio do contraditório, mas ao próprio devido processo legal.[160]

Lei 9.784/99, Art. 2º. A Administração Pública obedecerá, dentre outros, aos princípios da legalidade, finalidade, motivação, razoabilidade, proporcionalidade, moralidade, ampla defesa, contraditório, segurança jurídica, interesse público e eficiência.
CPC, Art. 8º. Ao aplicar o ordenamento jurídico, o juiz atenderá aos fins sociais e às exigências do bem comum, resguardando e promovendo a dignidade da pessoa humana e observando a proporcionalidade, a razoabilidade, a legalidade, a publicidade e a eficiência.

160. T. F. Schoedl, 2243 Questões..., p. 721.

Essa característica do devido processo legal, como irradiador de outros princípios de Direito Processual, fica evidente no conceito trazido por Cintra, Grinover e Dinamarco, como o "conjunto de garantias constitucionais que, de um lado, asseguram às partes o exercício de suas faculdades e poderes processuais e, de outro, são indispensáveis ao correto exercício da jurisdição".[161]

Sem embargo de respeitadas posições contrárias a tal denominação, Theodoro Júnior, agregando o devido processo legal à ideia de "processo justo", qualifica-o como "superprincípio, coordenando e delimitando todos os demais princípios que informam tanto o processo como o procedimento",[162] expressão sinônima de "postulado" e "metanorma", utilizadas por Ávila, devendo ser considerado, por um lado, o seu elevado grau de abstração e aplicação a múltiplos ramos do direito, e, por outro, o relevante número de regras e princípios que dele decorrem, cuja ofensa importa em nulidade do processo ou procedimento administrativo.

O mesmo postulado pode ser classificado como "plurivalente", pois, na lição de Cretella Neto, é "comum a outras dis-

161. Op. cit., p. 82. Mais adiante, os mesmos autores lecionam que, "hoje, mais do que nunca, a justiça penal e a civil são informadas pelos dois grandes princípios constitucionais: o acesso à justiça e o devido processo legal. Destes decorrem todos os demais postulados necessários para assegurar o direito à 'ordem jurídica justa'" (p. 84).

162. Op. cit., p. 47-48. Não serão esmiuçados os diversos entendimentos acerca da diferença entre "processo" e "procedimento", mas o primeiro, para os fins do presente trabalho, é definido como instrumento da jurisdição, e diz respeito aos litígios da esfera judicial, enquanto o segundo, além de traduzir a ideia do rito adotado num determinado processo, refere-se a todos os procedimentos não-judiciais ou judiciais sem lide, quais sejam: procedimento administrativo, procedimento disciplinar e procedimentos de jurisdição voluntária. A respeito do assunto, confira-se: J. Cretella Júnior. Prática do Processo Administrativo. 5ª ed. rev. e atual. São Paulo: Revista dos Tribunais, 2006, p. 25-45.

ciplinas do conhecimento humano" –[163] ao contrário dos postulados "monovalentes", cujo âmbito de aplicação se restringe a determinando ramo do Direito, e.g., *pacta sunt servanda* (Direito Contratual).[164]

Verifica-se, nesta linha de raciocínio, que o sistema acusatório, adotado pela legislação brasileira, é sustentado pelo *due processo of law* e por todos os princípios dele emergentes, de tal sorte que a violação de qualquer destes importa não apenas numa mácula específica, mas do próprio sistema processual penal em sua essência.

Apesar do extenso leque de princípios decorrentes do devido processo legal (juiz natural; contraditório e ampla defesa; igualdade processual; motivação; publicidade; vedação das provas ilícitas e ilegítimas; inviolabilidade do domicílio, das comunicações e de dados; presunção de inocência; e restrições à prisão),[165] serão examinados somente aqueles diretamente relacionados às decisões proferidas no Inquérito nº 4781.

3.2. O princípio do juiz natural e a competência originária do STF em matéria penal

Enquanto a jurisdição é definida como a "função atribuída ao Estado pela qual este se substitui às partes para so-

163. Op. cit., p. 196.

164. Ibid., p. 197.

165. Princípios elencados por Cintra, Grinover e Dinamarco (op. cit., p. 83-85).

lucionar os conflitos de interesses com imparcialidade e de acordo com a lei",[166] a competência é a "quantidade de jurisdição cujo exercício é atribuído a cada órgão ou grupo de órgãos",[167] verdadeira medida que fixa as causas afetas a cada juiz ou tribunal.

O princípio do juiz natural estabelece que a competência deve ser estabelecida previamente, de acordo com a Constituição e a Lei, pois a sua *ratio* é exatamente "evitar a escolha arbitrária de um juiz ou tribunal para julgar determinado caso concreto",[168] vedando assim os chamados tribunais de exceção, conforme o art. 5º, incisos XXXVII e LIII, da Constituição Federal:

> CF, Art. 5º, XXXVII - não haverá juízo ou tribunal de exceção;
>
> [...]
>
> LIII - ninguém será processado nem sentenciado senão pela autoridade competente.

No âmbito processual penal, a competência, via de regra, é fixada pelo local onde foi consumada a infração penal, ou do último ato executório nos casos de tentativa, adotando-se o critério *ratione loci*, nos termos do art. 70, *caput*, do Código de Processo Penal: "A competência será, de regra, determinada pelo lugar em que se consumar a infração, ou, no caso

166. T. F. Schoedl. 2243 Questões..., p. 724.

167. Liebman, apud A. C. A. Cintra – A. P. Grinover – C. R. Dinamarco, op. cit., p. 229.

168. T. F. Schoedl. 2243 Questões..., p. 722.

de tentativa, pelo lugar em que for praticado o último ato de execução".

Não interessa tratar aqui das exceções relacionadas à competência territorial, previstas tanto no Código de Processo Penal como na legislação especial,[169] mas sim do foro por prerrogativa de função, equivocadamente chamado de "foro privilegiado", pelo qual algumas autoridades são submetidas diretamente a julgamento por um órgão colegiado, em regra menos sujeito a pressões do que um juiz singular, tratando-se de modalidade de competência *ratione personae*.

As hipóteses de competência originária do STF, para julgar ações penais, encontram-se no art. 102, inciso I, letras "b" e "c", da Constituição Federal:

> CF, Art. 102. Compete ao Supremo Tribunal Federal, precipuamente, a guarda da Constituição, cabendo-lhe:
>
> I - processar e julgar, originariamente:
>
> [...]
>
> b) nas infrações penais comuns, o Presidente da República, o Vice-Presidente, os membros do Congresso Nacional, seus próprios Ministros e o Procurador-Geral da República;
>
> c) nas infrações penais comuns e nos crimes de responsabilidade, os Ministros de Estado e os Comandantes da Marinha, do Exército e da Aeronáutica, ressalvado o disposto no art. 52, I, os membros dos

169. Confira-se, a respeito, os arts. 70, parágrafos 1º a 4º, e 71 a 73, do Código de Processo Penal, e o art. 63 da Lei 9.099/95.

Tribunais Superiores, os do Tribunal de Contas da União e os chefes de missão diplomática de caráter permanente.

No julgamento da Ação Penal nº 937, o STF restringiu o foro por prerrogativa de função aos crimes praticados no exercício do cargo ou em razão da função, fixando a seguinte tese:

> (i) O foro por prerrogativa de função aplica-se apenas aos crimes cometidos durante o exercício do cargo e relacionados às funções desempenhadas; e (ii) Após o final da instrução processual, com a publicação do despacho de intimação para apresentação de alegações finais, a competência para processar e julgar ações penais não será mais afetada em razão de o agente público vir a ocupar cargo ou deixar o cargo que ocupava, qualquer que seja o motivo (j. 3.05.2018).

Portanto, fora estas exceções constitucionais que fixam a competência originária do STF para julgar ações penais, ou ainda, para presidir ou supervisionar investigações,[170] o indivíduo acusado pela prática de uma infração penal será processado perante um juiz de primeira instância, via de regra no local da consumação da infração penal (CPP, art. 70, *caput*), ressalvando-se ainda as competências originárias dos demais

---

170. Sobre a diferença entre investigação presidida e supervisionada pelo STF, vide Capítulo V, item nº 5.

Tribunais da República: Tribunais de Justiça Estaduais, Tribunais Regionais Federais e Superior Tribunal de Justiça (CF, arts. 96, III; 105, I, "a"; 108, I, "a"; e 125, § 1º).

3.3. O princípio da inércia da jurisdição (*ne procedat iudex ex officio*)

Sendo a jurisdição uma função típica do Poder Judiciário, pela qual o Estado, por intermédio do magistrado – daí a expressão "Estado-juiz" –, se substitui às partes para solucionar a lide com imparcialidade, é natural que a prestação jurisdicional dependa de provocação da parte, sendo vedado ao juiz agir de ofício, justamente para preservar a sua isenção, inclusive nas hipóteses de direitos indisponíveis.[171]

Cintra, Grinover e Dinamarco anotam que "o exercício espontâneo da atividade jurisdicional acabaria sendo contraproducente, pois a finalidade que informa toda a atividade jurídica do Estado é a pacificação social e isso viria em muitos casos a fomentar conflitos e discórdias, lançando desavenças onde elas não existiam antes",[172] daí por que são raríssimas as hipóteses em que se autoriza ao magistrado tomar a iniciativa do processo, v.g., concessão de *habeas corpus* de ofício, execução trabalhista e execução penal.[173]

171. Neste sentido: A. C. A. Cintra – A. P. Grinover – C. R. Dinamarco, op. cit., p. 133.

172. Ibid., p. 133.

173. Exemplos de Cintra, Grinover e Dinamarco (op. cit., p. 133-134).

3.4. O princípio do contraditório e da ampla defesa: aplicação nos procedimentos investigatórios

Enquanto o princípio do contraditório "exige que se dê ciência a cada litigante dos atos praticados pelo juiz e pela parte contrária, para que eles tenham oportunidade de se manifestar",[174] inspirado pelo binômio informação/reação e fazendo parte da "própria noção de processo",[175] a ampla defesa assegura à parte a possibilidade de empregar todos os mecanismos processuais e recursos necessários à comprovação de sua pretensão, ou para resistir à pretensão do adversário, estando ambos consagrados pelo art. 5º, inciso LV, da Constituição Federal: "Aos litigantes, em processo judicial ou administrativo, e aos acusados em geral são assegurados o contraditório e ampla defesa, com os meios e recursos a ela inerentes".

A possibilidade de medidas cautelares *inaudita altera parte* não constitui, na essência, uma exceção ao princípio do contraditório e da ampla defesa, pois, nestes casos, para assegurar a imediata proteção do direito da parte, faz-se uma ponderação e tal princípio é apenas diferido para um momento posterior,[176] como deixa claro o art. 9º, *caput* e parágrafo

---

B T. F. Schoedl, 2243 Questões..., p. 721.

175. A. C. A. Cintra – A. P. Grinover – C. R. Dinamarco, op. cit., p. 55-57.

176. Em idêntico sentido: A. C. A. Cintra – A. P. Grinover – C. R. Dinamarco, op. cit., p. 57.

único, incisos I, II e III, do Código de Processo Civil.[177] Idêntica sistemática deve ser aplicada na seara processual penal.

Como examinado no item nº 5, do Capítulo III, na fase de investigação, seja qual for a roupagem adotada (inquérito policial, protocolado, representação criminal, inquérito civil, etc.), não há falar-se em aplicação do princípio do contraditório e da ampla defesa, por se tratar de procedimento inquisitivo.

A discussão, todavia, ganha novos contornos quando, no âmbito de uma investigação, seja no STF, seja em qualquer outra instância, são determinadas medidas restritivas dos direitos da pessoa investigada, como buscas e apreensões (CPP, arts. 240 a 250), prisão domiciliar (CPP, arts. 317 a 318), medidas cautelares alternativas (CPP, art. 319, I a IX), prisão temporária (Lei 7.960/89) e prisão preventiva (CPP, arts. 311 a 316).

Em tais situações, exige-se a observância do princípio do contraditório e da ampla defesa, ainda que diferido para não prejudicar diligências em curso, permitindo-se, inclusive, o acesso posterior aos autos pelo advogado do investigado, para que possa impugnar tais medidas,[178] nos exatos ter-

---

177. Transcreve-se o mencionado dispositivo:
CPC, Art. 9ª. Não se proferirá decisão contra uma das partes sem que ela seja previamente ouvida.
Parágrafo único. O disposto no caput não se aplica:
I - à tutela provisória de urgência;
II - às hipóteses de tutela da evidência previstas no art. 311, incisos II e III ;
III - à decisão prevista no art. 701 .

178. Neste mesmo sentido a manifestação da Procuradoria-Geral da República, ao promover – ou tentar promover – o arquivamento do Inquérito nº 4781: "O juiz vela pela observância dos direitos e garantias constitucionais na persecução penal, e delibera sobre diligências que estão sob reserva de jurisdição, ou seja, aquelas que só podem ser feitas no

mos da Súmula vinculante nº 14: "É direito do defensor, no interesse do representado, ter acesso amplo aos elementos de prova que, já documentados em procedimento investigatório realizado por órgão com competência de polícia judiciária, digam respeito ao exercício do direito de defesa" – a negativa de acesso aos autos, aliás, caracteriza crime de abuso de autoridade (Lei 13.869/19, art. 32).[179]

Não foi, todavia, o que se observou no Inquérito nº 4781, pois, de acordo com pesquisas realizadas na *internet*, mesmo após já consumadas algumas medidas cautelares no procedimento, notadamente buscas e apreensões de computadores para examinar "crimes de *fake news*", os advogados dos investigados somente tiveram acesso a alguns apensos dos autos,[180] o que certamente vem dificultando o direito de defesa.

---

inquérito se houver pedido do Ministério Público e autorização judicial, porque invadem a privacidade ou intimidade do indivíduo, asseguradas pela Constituição". Disponível em <<https://www.mpf.mp.br/pgr/documentos/INQ4781.pdf >>. Acesso em 25.10.2022.

179. Transcreve-se o citado tipo penal: "Negar ao interessado, seu defensor ou advogado acesso aos autos de investigação preliminar, ao termo circunstanciado, ao inquérito ou a qualquer outro procedimento investigatório de infração penal, civil ou administrativa, assim como impedir a obtenção de cópias, ressalvado o acesso a peças relativas a diligências em curso, ou que indiquem a realização de diligências futuras, cujo sigilo seja imprescindível: Pena - detenção, de 6 (seis) meses a 2 (dois) anos, e multa".

180. Confira-se a esse respeito, sobretudo a maratona enfrentada pela Defesa para acessar os autos do IP nº 4781, típica dos regimes mais nefastos e totalitários da História da humanidade: Jornal Gazeta do Povo. Inquéritos do STF: saga de advogados por acesso aos autos completa 2 anos. Disponível em <<https://www.gazetadopovo.com.br/vida-e-cidadania/inqueritos-do-stf-saga-de-advogados-por-acesso-aos-autos-completa-2-anos/>>. Acesso em 15.10.2022.

4. Análise de conteúdo do inquérito e das consequentes decisões

Diante das ponderações deduzidas nos itens anteriores, observa-se que, sob o prisma material, o Inquérito nº 4781 tem por objeto um fato atípico, pois não existe na legislação brasileira – e jamais deveria ser cogitada tal tipificação – o crime de "propagar *fake news*",[181] de modo que eventuais discordâncias com as manifestações de pensamento contidas no bojo do inquérito deveriam ser objeto de ações de natureza civil (reparação de danos, direito de resposta e tutela inibitória), manejadas individualmente por cada ministro do STF supostamente ofendido, ou, quando muito, de ação penal por crimes de injúria, calúnia ou difamação.

Viola-se aqui tanto a reserva legal penal como a liberdade de expressão e de imprensa, impondo-se uma suposta tipicidade de expressão genérica e sem qualquer previsão legal, apenas para viabilizar a censura, cabendo aqui a advertência de Morgenstern: "A liberdade de expressão do que não é 'ataque' ou 'ofensa' também era defendida por Adolf Hitler".[182]

---

181. Aliás, no caso das fake news, o mesmo STF sequer cometeu a atrocidade examinada no Capítulo I, criminalizando conduta por analogia in malam partem, quando pelo menos poderia se escorar num precedente inconstitucional para promover o Inquérito nº 4781.

182. Op. cit., p. 42. Segundo o mesmo autor, "se a palavra 'censura' é considerada psicologicamente negativa (e ainda poderia ser associada à ditadura militar), o termo 'fake news', de tão repetido, parece ainda mais 'perigoso' – portanto, entre enfrentar censura ou notícias falsas, supostas ou não, a massiva propaganda midiática e os esforços de legisladores e juristas dirigem a população a preferir a censura. Basta que esta se apresente, aos moldes do Ministério da Verdade do famoso romance 1984, de George Owell, como o contrário de censura [...] basta declarar que censura não é censura, que o discurso X, Y ou Z 'não é liberdade de expressão' e resta finda e morta a liberdade de expressão, sob aplausos efusivos" (op. cit., p. 38-39).

Mas ainda que admitida a tipicidade da conduta de "propagar *fake news*", mediante inconstitucional analogia *in malam partem* com algum tipo penal incriminador, deve ser ressaltado que, ao contrário do que restou consignado na Portaria nº 69/2019, o STF não possui capacidade penal passiva – mesmo sem ingressar na discussão sobre a possibilidade da pessoa jurídica ser vítima de crime contra a honra,[183] importante frisar que o STF não é pessoa jurídica, mas sim um órgão do Poder Judiciário, e este último também não é pessoa jurídica, de modo que eventuais ofensas podem atingir apenas os seus respectivos membros.

Concluindo a análise material, observa-se que a Portaria GP nº 69/2019, do STF, sequer apontou um fato específico a ser investigado, constando apenas "notícias fraudulentas (*fake news*), denunciações caluniosas [o ministro com "notório saber jurídico" deve ter confundido calúnia com denunciação caluniosa], ameaças e infrações revestidas de *animus calumniandi, diffamandi* e *injuriandi*", o que não escapou à detida análise da Procuradoria-Geral da República, ao promover – ou tentar promover – o arquivamento do Inquérito nº 4781, mesmo lhe sendo negado acesso aos autos pelo STF (sim, o STF negou acesso aos autos à própria PGR):

> A delimitação da investigação não pode ser genérica, abstrata, nem pode ser exploratória de atos indeterminados, sem definição de tempo e espaço, nem de indivíduos. O devido processo legal reclama o reconhecimento da invalidade de inquérito sem tal definição. Tal delimitação nem de longe equiva-

183. Sobre esse tema específico, confira-se: N. HUNGRIA. Comentários ao Código Penal: Arts. 1º a 27. Edição Revista Forense, Rio de Janeiro, 1949, v. 1, p. 188.

> le a não dar importância concreta a tais fatos delitivos específicos que, uma vez delimitados, devem ser noticiados ao Ministério Público para que, na condição de titular da ação penal, possa requisitar e desenvolver a investigação, contando com o apoio da força policial.[184]

De outra parte, sob o aspecto processual, resta evidente, de início, a ofensa ao sistema acusatório, o qual exige a total separação entre as funções de investigar, acusar e julgar, o que não foi observado no inquérito em análise, no qual os integrantes do STF são supostamente vítimas, investigadores, acusadores e juízes – nem mesmo a "Santa" Inquisição, adverte Tavares Neto, julgava crimes contra seus próprios integrantes –,[185] sendo que tal procedimento, inclusive, já foi objeto de "tentativa de arquivamento" pela própria Procuradoria-Geral da República,[186] pleito que deveria ser acatado pelo STF, por ser o Ministério Público titular exclusivo da ação penal, vedando-se ao magistrado atuar de ofício. O art. 28 do Código de Processo Penal, seja em sua redação originária, seja na da Lei 13.964/19, esta última suspensa pelas ADI nº 6298, 6300 e 6305, não se aplica aos processos de competência originária dos Tribunais, conforme a jurisprudência do próprio STF.[187]

184. Íntegra da manifestação disponível em <<https://www.mpf.mp.br/pgr/documentos/INQ4781.pdf >>. Acesso em 25.10.2022.

185. Op. cit., p. 134.

186. Para acessar o pedido da PGR, confira-se: <<https://www.mpf.mp.br/pgr/documentos/INQ4781.pdf>>. Acesso em 25.10.2022.

187. Confira-se, neste sentido: STF, MS 34730, j. 10.12.2019. Transcreve-se o art. 28 do Código de Processo Penal nas suas duas redações:
CPP, Art. 28. Se o órgão do Ministério Público, ao invés de apresentar a denúncia, reque-

Curioso, aliás, foi o fato também "constitucionalmente relevante" do próprio STF, no Inquérito nº 4831, examinado no Capítulo III e que versa sobre o levantamento de sigilo de reunião presidencial, ter expressamente reconhecido o sistema acusatório e rejeitado o modelo inquisitivo, ao examinar pretensões ali deduzidas:

> Quanto aos demais pleitos formulados na petição antes mencionada, impõe-se, após efetivada a inquirição do Senhor Sérgio Fernando Moro, seja ouvido o Ministério Público, em sua condição de *'dominus litis'*, tendo em vista o fato, *constitucionalmente relevante*, de que prevalece, em nosso sistema jurídico, o modelo acusatório [...] Vê-se, *daí*, sob pena de o magistrado converter-se na figura inconstitucional *do juiz inquisidor*, que não compete ao Poder Judiciário, *em anômala substituição ao órgão estatal de acusação*, avaliar se se impõe, *ou não*, a realização de determinadas diligências investigatórias, bem assim definir se os elementos de informação veiculados em *'notitia criminis'* revelam-se suficientes, *ou não*, para justificar a formação da *'opinio delicti'* pelo *'Parquet'*, em ordem a viabilizar *o oferecimento de denúncia*, eis que *'O sistema acusatório confere ao Ministério Público, exclusivamente, na ação penal*

rer o arquivamento do inquérito policial ou de quaisquer peças de informação, o juiz, no caso de considerar improcedentes as razões invocadas, fará remessa do inquérito ou peças de informação ao procurador-geral, e este oferecerá a denúncia, designará outro órgão do Ministério Público para oferecê-la, ou insistirá no pedido de arquivamento, ao qual só então estará o juiz obrigado a atender (redação original).

CPP, Art. 28. Ordenado o arquivamento do inquérito policial ou de quaisquer elementos informativos da mesma natureza, o órgão do Ministério Público comunicará à vítima, ao investigado e à autoridade policial e encaminhará os autos para a instância de revisão ministerial para fins de homologação, na forma da lei (redação da Lei 13.964/19).

pública, a formação da 'opinio delicti', separando a função de acusar daquela de julgar' (RHC 120.379/RO, Rel. Min. LUIZ FUX – grifei)

Cumpre relembrar, neste ponto, *por relevante*, que o Plenário do Supremo Tribunal Federal, ao julgar a ADI 1.570/DF, Rel. Min. MAURÍCIO CORRÊA, reputou conflitante *com o sistema acusatório* a norma inscrita no art. 3º, '*caput*', da Lei no 9.034/95 (*hoje revogada*), que investia o magistrado *de poder* que esta Corte Suprema *considerou unicamente compatível* com o modelo inquisitório, ainda mais se se considerar que a Constituição da República consagrou o monopólio, *pelo Ministério Público*, da titularidade da ação penal de iniciativa pública (CF, art. 129, I) e a prerrogativa do '*Parquet*' quanto ao controle externo da atividade policial (CF, art. 129, VII) (grifou-se).[188]

O precedente mencionado diz respeito a dispositivo da revogada Lei do Crime Organizado (Lei 9.034/95), que assim dispunha: "Nas hipóteses do inciso III do art. 2º desta lei, ocorrendo possibilidade de violação de sigilo preservado pela Constituição ou por lei, a diligência será realizada pessoalmente pelo juiz, adotado o mais rigoroso segredo de justiça" (art. 3º).[189]

---

188. Grifos no original excluídos.

189. Já o art. 2º, inciso III, da Lei 9.034/95 assim dispunha: "Em qualquer fase de persecução criminal são permitidos, sem prejuízo dos já previstos em lei, os seguintes procedimentos de investigação e formação de provas:

[...]

III - o acesso a dados, documentos e informações fiscais, bancárias, financeiras e eleitorais".

Não obstante, no julgamento da ADPF nº 572/DF, manejada em face da Portaria GP nº 69/2019, que deflagrou o Inquérito nº 4781, foi reconhecida a sua constitucionalidade, sendo vencido apenas o ministro Marco Aurélio de Mello, que assim ressaltou, amparando-se, inclusive, em anterior manifestação da procuradora-geral da República, Raquel Dodge:

> [...] não pode a vítima instaurar inquérito. Uma vez formalizado requerimento de instauração de inquérito, cumpre observar o sistema democrático da distribuição, sob pena de passarmos a ter, como disse, juízo de exceção, em contrariedade ao previsto no principal rol das garantias constitucionais da Carta de 1988 [...] 'Como decorrência desse pilar central do sistema acusatório, para que o sistema processual penal seja genuinamente acusatório, (a) magistrados não devem instaurar investigações sem prévia provocação dos órgãos de persecução penal e, na fase de investigação, magistrados não devem ter iniciativa probatória" – os meios justificam o fim, não o fim aos meios –, "cabendo, nessa atividade, ao órgão de acusação, no Brasil, a teor da Constituição Federal, o Ministério Público, destinatário da prova produzida. Descumpridos os tais preceitos, traços do sistema inquisitorial revelam-se emoldurando o sistema penal acusatório' [...] estamos diante de inquérito natimorto. Ante as achegas verificadas, depois de instaurado, diria mesmo de inquérito do fim do mundo, sem limites![190]

190. Como bem adverte Rocha Monteiro, "qualquer que seja o processo em que o autor da ameaça (ou da ofensa, etc.) seja parte – ainda que se trate de processo totalmente desvinculado da ameaça (ou ofensa) – esse juiz que foi ameaçado (ou ofendido) de forma tão

Prosseguindo na análise, é possível constatar a ofensa dos seguintes princípios inerentes ao devido processo legal:

a) Juiz natural: evidencia-se por três aspectos:

i- O primeiro diz respeito ao fato do STF não ter competência constitucional e legal para investigar pessoas sem foro por prerrogativa de função, sendo que o próprio Tribunal, no julgamento da Ação Penal nº 937, restringiu tal foro somente aos parlamentares federais que praticassem crimes no exercício do cargo ou em razão da função; portanto, nem mesmo o deputado federal Daniel Silveira deveria ali ser investigado, por conta de suas críticas ao STF veiculadas em mídia social, ou seja, fora do exercício da função;

ii- Ainda que admitida a falsa premissa da competência originária do STF para investigar crimes contra seus membros – partindo-se também da falsa premissa de que "propagar *fake news*" é crime –, é de se ressaltar que o art. 43 do RISTF não foi recepcionado pela Constituição Federal, a qual confere tal função apenas às Polícias Civil e Federal, e ao próprio Ministério Público, na qualidade de titular exclusivo da ação penal, revogando-se, como já examinado, o processo judicialiforme, instaurado de ofício nos casos de contravenções penais (CF, arts. 129, I, VI, VII, e VIII, e 144, §§ 1º, I, e 4º; CPP, art. 26); aliás, o próprio ministro Marco Aurélio de Mello, voto vencido no julgamento da ADPF nº 572/DF, ponderou que o referido

---

grave está impedido de atuar, pois o artigo 252 do Código de Processo Penal exige que se dê por suspeito (e portanto não possa atuar no caso) o juiz que for amigo íntimo ou inimigo capital de qualquer das partes. Ninguém há de negar que um juiz considere seu inimigo capital o sujeito que ameaça estuprar suas filhas ou explodir uma bomba no local de trabalho do magistrado" (O inquérito do fim do mundo: explicando para o leigo o inquérito do fim do mundo. In: C. R. M. Piovezan (org.). Inquérito do Fim do Mundo: o apagar das luzes do Direito Brasileiro. Londrina: Editora E.D.A, 2020, p. 80).

dispositivo "não foi recepcionado, tendo, inclusive, parágrafo polivalente, próprio ao sistema inquisitivo e que estaria a autorizar a instauração do inquérito, ainda que não ocorrido o crime no âmbito do Supremo"; em idêntico sentido a precisa lição de Ludmila Grilo, segundo a qual, "o RISTF foi editado sob a égide da 'Constituição de 1969' (EC 01/69), que não previa a função privativa do Ministério Público para promover a ação penal, e dava ao STF a prerrogativa de conceber normas processuais em relação aos feitos de sua competência originária (art. 120, p. único, 'c'). Com a Constituição de 1988, os artigos 43 a 45, evidentemente, não foram recepcionados, pois que em completa dissonância com as novas normas constitucionais que concedem às polícias judiciárias e ao Ministério Público as funções investigatórias, além de dar a este último a titularidade da ação penal;[191]

iii- Mesmo que se reconheça a constitucionalidade do art. 43 do RISTF e seja admitida sua interpretação analógica para fixar a competência originária do STF, levando-se em conta a qualidade do sujeito passivo da infração penal – e não do sujeito ativo, como prevê o próprio dispositivo –, os fatos supostamente criminosos não foram praticados nas dependências do Tribunal, mas sim por diversas pessoas espalhadas pelo território nacional, por intermédio de redes sociais, de modo que a fixação da competência deveria ter observado a regra do art. 70, *caput*, do Código de Processo Penal (competência *ratione loci*, pelo local onde foi consumada a suposta infração penal), perante o respectivo juízo singular; no entanto, a maioria dos ministros preferiu "misturar" as competências *ratione loci* e *ratione personae*, mediante perversa interpreta-

191. Op. cit., p. 51-52.

ção do inconstitucional art. 43 do RISTF; oportuna, neste sentido, a advertência de Rogério Greco: "No momento em que o povo quer acabar com o foro por prerrogativa de função, que se aplica aos autores de crimes, os ministros do STF estendem, em ativismo inaceitável, o 'foro privilegiado' para vítimas privilegiadas, vale dizer, eles próprios";[192]

iv- Ainda que admitidas todas essas premissas atrozes, não caberia ao ministro-presidente simplesmente escolher um dos ministros como relator do inquérito, sabe-se lá por qual critério,[193] agindo apenas conforme sua íntima convicção – deveria, sim, ter observado os critérios de fixação da competência por distribuição (sorteio) ou prevenção, conforme o art. 66 do RISTF;[194]

b) Inércia da jurisdição: o inquérito foi instaurado de ofício pelo STF, sem qualquer provocação do Ministério Público ou de outra autoridade ou vítima, caso a pessoa a ser investigada fosse autoridade sujeita ao foro por prerrogativa de função, o que compromete a imparcialidade do ministro-relator – como advertem Cintra, Grinover e Dinamarco, "a experiência ensina que quando o próprio juiz toma a iniciativa

192. Op. cit., p. 91.

193. O possível critério, sobretudo quanto à fixação da competência originária do STF no caso, pode ser encontrado na indagação de Tavares Neto: "Um cidadão comum (e para este fim, um ministro do STF é um cidadão comum) teria que procurar um advogado para que este entrasse com uma ação junto a uma vara cível estadual já que, durante o inquérito, a vítima em regra não tem capacidade postulatória alguma (ou esperar que o autor do fato fosse processado criminalmente para só então, como assistente da acusação, requerer alguma medida cautelar). Mas e o risco de se submeter ao alvedrio de um juiz de primeiro grau que poderia resolver cumprir a lei e a jurisprudência do STF, ao invés de acatar requerimento de um ministro seu?" (op. cit., p. 113).

194. Transcreve-se o mencionado dispositivo: "A distribuição será feita por sorteio ou prevenção, mediante sistema in- formatizado, acionado automaticamente, em cada classe de processo".

do processo ele se liga psicologicamente de tal maneira à idéia contida no ato de iniciativa, que dificilmente teria condições para julgar imparcialmente" –,[195] sendo até mesmo esperadas todas as medidas arbitrárias determinadas ao longo do inquérito e que parecem não ter fim, já que a investigação vem se prolongando indefinidamente, como genuíno instrumento de opressão estatal, mesmo após ter sido requerido o arquivamento pela Procuradoria-Geral da República;[196]

c) Contraditório e ampla defesa: embora o inquérito policial e os procedimentos investigatórios correlatos não estejam sujeitos a tal princípio, por conta da natureza inquisitiva, a partir do momento em que são deflagradas medidas cautelares, com evidente natureza jurisdicional, o mesmo princípio passa a ser de observância obrigatória, ainda que postergado o acesso aos autos à Defesa, o que foi totalmente vedado no âmbito do Inquérito nº 4781, pois, segundo informações extraídas da *internet*, os advogados das pessoas investigadas somente tiveram acesso a alguns apensos, o que impede o direito de defesa, viola a Súmula vinculante nº 14 e constitui crime de abuso de autoridade (Lei 13.869/19, art. 32); de acordo com informações do jornalista Bernardo Pires Küster – um dos alvos das buscas e apreensões deflagradas no bojo do inquérito – , após ter analisado o apenso nº 70 dos autos, verificou existir apenas "um amontoado de *prints*, levantamento de *hashtags*, opiniões, pedidos de *impeachment* e críticas diver-

195. Op. cit., p. 133.

196. Daí o acerto da afirmação de Tavares Neto, no sentido de que, "a partir do momento em que o inquérito foi arquivado pela Procuradoria Geral da República, ficou mais do que patente que nenhum processo poderia ser aberto a partir do que foi produzido no inquérito. Logo, jamais deveria haver processo principal. Logo, não havia que se falar da dependência da medida cautelar com a probabilidade de sucesso do processo principal. Logo, a medida cautelar não era cautelar, mas principal" (op. cit., p. 129).

sas ao STF e aos seus membros",[197] cabendo aqui a advertência de Ludmila Grilo: "Ao que parece, certas autoridades são incapazes de conceber a possibilidade de não serem bem vistas ou bem quistas pelo cidadão comum, e passam automaticamente a considerar toda crítica desta natureza como um movimento orquestrado que só pode ser financiado ou estimulado por detratores".[198]

Diante de tantas atrocidades cometidas no inquérito analisado, não poderia deixar de ser citado o oportuno e certeiro desabafo de Rogério Greco:

> Assim, surgiu o abjeto Inquérito nº 4.781 no Supremo Tribunal Federal, tendo o Ministro Alexandre de Moraes como seu presidente inquisidor, já que ocupa todas as posições possíveis no processo penal, isto é, vítima, investigador, acusador e julgador, faltando tão somente a posição de réu, que possivelmente ocupará após as apurações das inúmeras ilegalidades e abusos de autoridade praticados no curso das investigações.[199]

Evidente, portanto, que o STF, além de afrontar diversos princípios e dispositivos constitucionais e legais, sobretudo o postulado do devido processo legal (CF, art. 5º, LIV), vulnerou o próprio sistema acusatório, além de sua própria jurisprudência, assistindo razão à Tavares Neto, ao afirmar que os respectivos ministros elevaram o ativismo judicial a outro patamar, pois, embora já criassem leis para todos os brasileiros

197. L. L. Grilo, op. cit., p. 59-60.

198. Op. cit., p. 61.

199. Op. cit., p. 92.

através de processos e investigações, ainda não as havia criado "para se defenderem dos ataques que começaram a ocorrer com a tomada de consciência do povo brasileiro de que a corte máxima não estava decidindo como se esperaria de ministros de reputação ilibada e notório saber jurídico".[200]

Trata-se, a toda evidência, de um triste e odioso capítulo da História do Poder Judiciário brasileiro, cujas atrocidades saltam aos olhos até mesmo de um novato estudante do primeiro ano de Direito, bem como àqueles que não militam na área jurídica.

4.1. Princípios violados: liberdade de expressão – liberdade de imprensa – reserva legal penal – intervenção mínima – devido processo legal – juiz natural – inércia da jurisdição – contraditório e ampla defesa.

4.2. Normas constitucionais e legais violadas: CF, arts. 5º, IV, IX, XXXVII, XXXIX, LIII, LIV, LV, 129, I, e 220, *caput* e § 2º; CP, art. 1º; e CPP, art. 70, *caput*.

200. Op. cit., p. 115.

CAPÍTULO V

Prisão de parlamentares federais fora das hipóteses de flagrante por crime inafiançável

1. A prisão do deputado federal Daniel Silveira no âmbito do Inquérito nº 4781

Após o STF ter deflagrado, de ofício, o Inquérito nº 4781, examinado no Capítulo anterior, o ministro-relator e vítima Alexandre de Moraes, também de ofício, expediu "mandado de prisão em flagrante" (sic) contra o deputado federal Daniel Silveira,[201] decisão referendada pela Tribunal Pleno, nos moldes seguintes:

> Ementa. PENAL E PROCESSO PENAL. NÃO INCIDÊNCIA DE INVIOLABILIDADE PARLAMENTAR (CF, ART. 53, CAPUT). POSSIBILIDADE CONSTITUCIONAL DE PRISÃO EM FLAGRANTE DELITO DE DEPUTADO FEDERAL PELA PRÁTICA DE CRIME INAFIANÇÁVEL (CF, ARTIGO 53, §2º). NECESSIDADE DA CÂMARA DOS DEPUTADOS DELIBERAR SOBRE SUA MANUTENÇÃO. DECISÃO REFERENDADA. 1. A Constituição Federal não permite a propagação de ideias contrárias à ordem constitucional e ao Estado Democrático (CF, art. 5º, XLIV; 34, III e IV), nem tampouco a realização de manifestações nas redes sociais visando ao rompimento do Estado de Direito, com a extinção das cláusulas pétreas constitucionais – Separação de Poderes (CF, art. 60, §4º), com a consequente, instalação do arbítrio. 2. Não incidência da imunidade parlamentar prevista no caput, do art. 53, da Constituição Federal. A jurisprudência da CORTE é pacífica no sentido de que a garantia constitucional da imunidade parlamentar material somente incide no caso de as manifestações guardarem conexão com o desempenho da função legislativa ou que sejam proferidas em razão desta; não sendo possível utilizá-la como verdadeiro escudo protetivo para a prática de atividades ilícitas. Precedentes. 3. As condutas praticadas pelo

201. Para acessar a íntegra da decisão, confira-se: <<https://static.poder360.com.br/2021/02/decisao-STF-prisao-Daniel-Silveira.pdf>>. Acesso em 24.10.2022.

> parlamentar foram perpetradas em âmbito virtual, por meio da publicação e divulgação de vídeos em mídia digital ('YouTube') durante todo o dia, com constante interação do mesmo, situação que configura crime permanente enquanto disponível ao acesso de todos, ainda que por curto espaço de tempo, permitindo a prisão em flagrante do agente. 4. Nos termos do art. 324, IV, do Código de Processo Penal, não será autorizada a fiança quando presentes os motivos que autorizam a decretação da prisão preventiva. A presença dos requisitos autorizadores da prisão preventiva afasta a afiançabilidade do crime, permitindo a prisão em flagrante do parlamentar. Precedente da CORTE: AC 4.039 Ref-MC/DF, Rel. Min. TEORI ZAVASCKI, Segunda Turma. 5. Necessidade de que a Câmara dos Deputados, nos termos do §2º, do art. 53, da Constituição Federal, resolva, pela maioria absoluta de seus membros, em votação nominal e aberta, sobre a prisão do parlamentar. 6. DECISÃO REFERENDADA. Manutenção da prisão em flagrante do parlamentar por crime inafiançável (Tribunal Pleno, Rel. min. Alexandre de Moraes, j. 17.02.2021).

Como o Inquérito nº 4781 encontra-se sob sigilo, não foi possível acessar o inteiro teor do acórdão, mas apenas a ementa; todavia, após pesquisas na *internet*, constatou-se que as ofensas foram as seguintes, entre outras:[202]

202. Disponível em <<https://www.poder360.com.br/congresso/leia-a-transcricao-do-que-disse-daniel-silveira-e-o-que-levou-o-stf-a-prende-lo/>>. Acesso em 2.11.2022.

a) Ao ministro Fachin: "Seu moleque, seu menino mimado, mau-caráter, marginal da lei, militante da esquerda, lecionava em uma faculdade, sempre militando pelo PT, pelos partidos narcotraficantes, nações narcoditadoras [...] Fachin, você integra, tipo assim, a nata da bosta do STF, certo? [...] Militante idiotizado, lobotomizado, que atacava militares junto com a Dilma [Rousseff], aquela ladra, vagabunda. Com o multicriminoso Luiz Inácio Lula da Silva, de 9 dedos, vagabundo, cretino, canalha";

b) Ao ministro Alexandre de Moraes: "O Oswaldo Eustáquio, jornalista que vocês chamam de blogueiro, foi preso pelo 'Xandão do PCC'. Está aí, preso ilegalmente. Eu tive acesso ao diário dele. Sabia, Alexandre de Moraes, que eu tive acesso ao diário dele manuscrito na prisão? Dos agentes que o torturaram? Sabia que eu sei? Sabia que eu sei que um [agente] chegou no ouvido dele e falou assim: 'A nossa missão é eliminar você'. Sabia que eu sei? Eu sei. E eu sei de onde partiram essas ordens. Acha que eu tô blefando? Por que, Alexandre, você ficou putinho porque mandou a Polícia Federal na minha casa uma vez e não achou nada, na minha quebra de sigilo bancário e telemático? É claro que tu não vai achar, idiota, eu não sou da tua laia, eu não sou da tua trupe. Dessa bosta de gangue que tu integra";

c) Ao ministro Dias Toffoli: "Levaram o [meu] celular, a Polícia Federal. Ninguém falou nada. Ninguém mandou um ofício dizendo [que era] relacionado ao mandato [de deputado federal]. Mas quando foram apreender o do [senador] José Serra, rapidamente, quase que num estalar de dedos, [Dias] Toffoli foi lá e, de ofício, [disse] 'não pode apreender o celular do José Serra, não pode apreender o notebook do José Serra.

São relacionados ao mandato'. Dois pesos e duas medidas. Não dá, né, chefe?";

d) Ao ministro Gilmar Mendes: "Solta os bandidos o tempo todo. Toda hora dá um habeas corpus. Toda hora, vende um habeas corpus, vende sentenças, compra o cliente. 'Opa, foi preso [por] narcotráfico, opa manda pra mim, eu vou ser o relator, tendo ou não a suspeição, desrespeitando o Regimento Interno dessa supreminha aí que de suprema nada tem. [Está] previsto lá no artigo 101 da Constituição os requisitos pra que vocês se tornem ministros, totalmente esvaziados, totalmente inócuos. Totalmente oligofrênicos, ignóbeis. É o que vocês são. Gilmar Mendes... isso aqui é só [gesticula com os dedos, indicando dinheiro] ... É isso que... tu gosta, né, Gilmarzão? A gente sabe".

Passa-se, na sequência, a examinar as imunidades formal e material conferidas pela Constituição Federal aos parlamentares federais, os precedentes do STF relacionados ao tema e a classificação dogmática dos delitos quanto ao momento consumativo, além das modalidades de prisão em flagrante, para, finalmente, formar o juízo crítico acerca do mencionado *decisum*.

2. Imunidades formal e material dos parlamentares federais

Como examinado no Capítulo III, item nº 2, a Constituição Federal estabelece diversos direitos e garantias, sendo a relatividade uma decorrência lógica deste catálogo, de modo que, havendo um conflito, tais prerrogativas possam ser sopesadas, aplicando-se as teorias da ponderação e do abuso de direito, e o princípio da proporcionalidade.

A mesma premissa se aplica ao regime constitucional dos parlamentares federais, o qual prevê duas espécies de imunidade, ambas visando assegurar o pleno exercício do mandato e a própria autonomia do Congresso Nacional, não se tratando de privilégios de natureza pessoal:

a) Imunidade formal ou processual (*freedom from arrest*): significa que os membros da Câmara dos Deputados e do Senado Federal somente poderão ser presos nos casos de flagrante por crime inafiançável, conforme o art. 53, parágrafo 2º, da Constituição Federal (redação da EC 35/2001): "Desde a expedição do diploma, os membros do Congresso Nacional não poderão ser presos, salvo em flagrante de crime inafiançável. Nesse caso, os autos serão remetidos dentro de vinte e quatro horas à Casa respectiva, para que, pelo voto da maioria de seus membros, resolva sobre a prisão". Os congressistas estão assim amparados contra qualquer modalidade de prisão cautelar (temporária, preventiva, por pronúncia ou sentença penal condenatória recorrível), bem como contra eventual prisão civil por alimentos.[203]

Apesar da ausência de ressalva expressa, como se observa em relação ao presidente da República (CF, art. 86, § 3º),[204] predomina o entendimento no sentido da admissibilidade da prisão de parlamentar federal por sentença penal condenató-

203. A. Moraes. Direito Constitucional. 10ª ed. São Paulo: Atlas, 2001, p. 400.

204. Transcreve-se o citado dispositivo constitucional: "Enquanto não sobrevier sentença condenatória, nas infrações comuns, o Presidente da República não estará sujeito a prisão".

ria irrecorrível,[205] ressaltando-se que a imunidade formal relacionada ao processo-crime foi revogada pela Emenda Constitucional 35/2001, admitindo-se apenas a sustação do feito pelo voto da maioria da respectiva Casa Legislativa, na forma do art. 53, parágrafos 3º a 5º, da Constituição Federal.[206]

b) Imunidade material (*freedom of speech*): diz respeito à inviolabilidade (ausência de responsabilidades penal, civil e funcional) pelas palavras e votos proferidos pelos parlamentares federais, nos termos do art. 53, *caput*, da Carta Magna (redação da EC 35/2001): "Os Deputados e Senadores são invioláveis, civil e penalmente, por quaisquer de suas opiniões, palavras e votos". Somente incidirá a cláusula de inviolabilidade se as manifestações do congressista se relacionarem ao exercício da função, ainda que proferidas fora das dependências do Congresso Nacional;[207] caso contrário, subsistirão as responsabilidades penal, civil e funcional decorrentes de manifestações que atentem contra bens jurídicos de terceiros.

Quanto à natureza jurídica da imunidade material, Alexandre de Moraes aponta os seguintes entendimentos dou-

205. Neste sentido: STF, RTJ 70/607 e 135/509. Em sentido contrário: A. MORAES, op. cit., p. 400.

206. Transcrevem-se os citados dispositivos:
CF, Art. 53, § 3º. Recebida a denúncia contra o Senador ou Deputado, por crime ocorrido após a diplomação, o Supremo Tribunal Federal dará ciência à Casa respectiva, que, por iniciativa de partido político nela representado e pelo voto da maioria de seus membros, poderá, até a decisão final, sustar o andamento da ação.
§ 4º. O pedido de sustação será apreciado pela Casa respectiva no prazo improrrogável de quarenta e cinco dias do seu recebimento pela Mesa Diretora.
§ 5º. A sustação do processo suspende a prescrição, enquanto durar o mandato.
Já o revogado art. 53, parágrafo 1º, assim dispunha, concebendo a chamada imunidade formal em relação ao processo: "Desde a expedição do diploma, os membros do Congresso Nacional não poderão ser presos, salvo em flagrante de crime inafiançável, nem processados criminalmente, sem prévia licença de sua Casa".

207. P. LENZA, op. cit., p. 527.

trinários:[208] causa excludente de crime (Pontes de Miranda, Nélson Hungria e José Afonso da Silva), causa funcional de exclusão ou isenção de pena (Damásio de Jesus), causa de irresponsabilidade (Magalhães Noronha) e causa de incapacidade penal por razões políticas (José Frederico Marques), aderindo-se ao primeiro entendimento; O mesmo Alexandre de Moraes, no *modo jurista* – e não *juiz* –, assim discorre sobre o tema, amparado em precedente do STF (RTJ 155/399):

> Independentemente da posição adotada, em relação à natureza jurídica da imunidade, importa ressaltar que da conduta do parlamentar (opiniões, palavras e votos) não resultará responsabilidade criminal, qualquer responsabilização por perdas e danos, nenhuma sanção disciplinar, ficando a atividade do congressista, inclusive, resguardada da responsabilidade política, pois trata-se de cláusula de irresponsabilidade geral de Direito Constitucional material [...] A imunidade material só protege o congressista nos atos, palavras, opiniões e votos proferidos no exercício do ofício congressual, sendo passíveis dessa tutela jurídico-constitucional apenas os comportamentos parlamentares cuja prática possa ser imputável ao exercício do mandato legislativo. A garantia da imunidade material estende-se ao desempenho das funções de representante do Poder Legislativo, qualquer que seja o âmbito dessa atuação – parlamentar ou extraparlamentar – desde que exercida *ratione muneris*.[209]

208. A. Moraes, op. cit., p. 395.

209. Ibid., p. 395-396.

Portanto, tal imunidade não é absoluta, assim como qualquer direito constitucional, não funcionando como abre-te-sésamo para que o parlamentar possa atentar, livremente, contra bens jurídicos de terceiros. Exemplificando, se um parlamentar, fora do exercício da função e das dependências do Congresso Nacional, xinga e ameaça matar uma pessoa, estará sujeito às responsabilidades penal, civil e funcional, embora não possa ser preso em flagrante, porquanto a injúria e a ameaça não constituem delitos inafiançáveis – neste ponto específico, correta é a ponderação do ministro Fachin, em seu voto proferido na ADI nº 5526, que será examinada no próximo item: "Se as palavras forem proferidas num contexto desvinculado do exercício do mandato, não há razão para conferir imunidade, eis que a finalidade justificadora do tratamento constitucional diferenciado ao parlamentar não se faz presente".

3. Precedentes relacionados à prisão em flagrante de parlamentares federais por crimes inafiançáveis, e à impossibilidade de prisão preventiva: AC nº 4039, AC nº 4070 e ADI nº 5526[210]

Como visto, os parlamentares federais, durante o exercício do mandato, somente poderão ser presos nas hipóteses

210. Sobre a extensão conferida pelo STF aos deputados estaduais, confira-se: ADI nº 5823 MC/RN, 5824 e 5825.

de flagrante por crimes inafiançáveis (CF, art. 53, § 2º – imunidade formal ou processual), compreendendo os seguintes delitos: racismo (CF, art. 5º, XLII), hediondos e equiparados (tortura, tráfico de drogas e terrorismo – CF, art. 5º, XLIII, e Lei 8.072/90, art. 1º, *caput,* I a IX, e parágrafo único, I a V), e a ação de grupos armados, civis ou militares, contra a ordem constitucional e o Estado Democrático (CF, art. 5º, XLIV).

Da mesma forma, não se admite qualquer modalidade de prisão cautelar, seja ela proveniente de prisão temporária (Lei 7.960/89), preventiva (CPP, arts. 311 a 316), pronúncia (CPP, art. 413, § 3º) ou de sentença penal condenatória recorrível (CPP, art. 387, § 1º).

Embora os dispositivos constitucionais e legais sejam de fácil compreensão, o STF já foi instado a se manifestar sobre o tema, destacando-se os seguintes julgados:

a) Na Ação Cautelar nº 4039, relacionada ao ex-senador Delcídio do Amaral, o Pleno do STF referendou a prisão do parlamentar, para os fins do art. 53, parágrafo 2º, segunda parte, da Constituição Federal, conforme ementa que se transcreve, não sendo possível acessar o inteiro teor do acórdão em razão do sigilo processual:[211]

> CONSTITUCIONAL. PROCESSUAL PENAL. PRISÃO CAUTELAR. SENADOR DA REPÚBLICA. SITUAÇÃO DE FLAGRÂNCIA. PRESENÇA DOS REQUISITOS DE PRISÃO PREVENTIVA. INAFIANÇABILIDADE. CABIMENTO DA PRISÃO CAUTELAR (ART. 53, § 2º, DA

211. Disponível em <<https://portal.stf.jus.br/processos/detalhe.asp?incidente=4892330>>. Acesso em 2.11.2022.

CF). DECISÃO REFERENDADA (Rel. min. Teori Zavascki, j. 25.11.2015)

Segundo informações extraídas da *internet*,[212] a prisão do ex-senador decorreu da prática de organização criminosa e obstrução da Justiça (arts. 1º, § 1º, e 2º, *caput* e § 2º, Lei 12.850/13),[213] notadamente pelo fato do investigado ter oferecido R$50.000,00 para o ex-diretor internacional da Petrobrás, Nestor Cerveró, para que este desistisse de uma delação premiada que o incriminaria, quanto a irregularidades na compra da Refinaria de Pasadena (EUA), objeto da "Operação Lava-Jato", oferecendo-lhe ainda ajuda para deixar o País, conversa que teria sido captada pelo filho de Nestor Cerveró e que configuraria o estado de flagrância por delitos inafiançáveis.

Na época do julgamento, no final do ano de 2015, o STF já iniciava a sua derrocada de decisões ilegais e inconstitucionais, ainda de forma tímida para a maioria das pessoas, mas não para os operadores mais familiarizados com o Direito Constitucional, Penal e Processual Penal. Este quadro fica

---

212. Disponível em <<https://g1.globo.com/politica/operacao-lava-jato/noticia/2015/11/delcidio-amaral-senador-do-pt-e-preso-pela-policia-federal.html>>. Acesso em 2.11.2022.

213. Transcrevem-se os citados tipos penais e a norma penal explicativa:
Lei 12.850/13, Art. 1º, § 1º. Considera-se organização criminosa a associação de 4 (quatro) ou mais pessoas estruturalmente ordenada e caracterizada pela divisão de tarefas, ainda que informalmente, com objetivo de obter, direta ou indiretamente, vantagem de qualquer natureza, mediante a prática de infrações penais cujas penas máximas sejam superiores a 4 (quatro) anos, ou que sejam de caráter transnacional.
[...]
Art. 2º Promover, constituir, financiar ou integrar, pessoalmente ou por interposta pessoa, organização criminosa:
Pena - reclusão, de 3 (três) a 8 (oito) anos, e multa, sem prejuízo das penas correspondentes às demais infrações penais praticadas.
§ 1º Nas mesmas penas incorre quem impede ou, de qualquer forma, embaraça a investigação de infração penal que envolva organização criminosa.

evidente quando se examinam as motivações da decisão que decretou a "prisão cautelar", que em verdade seria uma prisão em flagrante –[214] o que, por si só, já constitui uma aberração jurídica, pois a prisão em flagrante não exige ordem judicial, podendo, inclusive, ser realizada por qualquer um do povo –,[215] notadamente a alegação de que o crime de organização criminosa seria permanente e inafiançável, permitindo a prisão em flagrante do parlamentar a qualquer momento (CF, art. 53, § 2º; CPP, art. 303):[216]

> Esse delito, tipificado anteriormente pela Lei 12.694/2013, é pacificamente reconhecido como crime permanente (HC 112454, Relator(a): Min. Rosa Weber, Primeira Turma, julgado em 19/03/2013, Processo Eletrônico DJe- 066 Divulg 10-04-2013 Public 11-04-2013) e, como tal, contempla não só a possibilidade de flagrante a qualquer tempo (HC 101095, Relator(a): Mi. Gilmar Mendes, Segunda Turma, julgado em 31/08/2010, DJe-179 Divulg 23-09-2010 Public 24-09-2010 Ement Vol-02416-03 PP-00480) como até mesmo a chamada 'ação controlada' [...] Aqui se cuida, em tese e pelas razões já examinadas, de estrito flagrante. Mas não é só. No mesmo art. 2º, porém em seu § 2º, lê-se:
>
> "Nas mesmas penas incorre quem impede ou, de qualquer forma, embaraça a investigação de infração penal que envolva organização criminosa".

---

214. Decisão disponível em <<https://www.stf.jus.br/arquivo/cms/noticiaNoticiaStf/anexo/Acao_Cautelar_4039.pdf >>. Acesso em 2.11.2022.

215. Vide o próximo item, sobre as modalidades de prisão no ordenamento jurídico brasileiro.

216. Sobre o assunto, vide próximo item.

> Em qualquer caso, a hipótese é de inafiançabilidade decorrente do disposto no art. 324, IV, do Código de Processo Penal (sic).

Conforme se extrai tanto da decisão que determinou a prisão como da ementa do julgamento que a chancelou, não houve situação de flagrante por delito inafiançável, como exige o citado art. 53, parágrafo 2º, da Carta Magna, pois os crimes de organização criminosa e de obstrução da Justiça não são permanentes e muito menos inafiançáveis;[217] pelo que se depreende das decisões do STF, a inafiançabilidade "surgiu" em razão da presença dos requisitos da prisão preventiva, a qual, como visto, é inaplicável aos parlamentares federais.

Ou seja, o STF entendeu que, uma vez presentes os requisitos e as hipóteses de cabimento da prisão preventiva (CPP, arts. 312, *caput*, e 313, I), o crime passaria a ser inafiançável, incidindo assim a vedação prevista no art. 324, inciso IV, do Código de Processo Penal, o que legitimaria a prisão cautelar do parlamentar; transcrevem-se os citados dispositivos:

> CPP, Art. 312. A prisão preventiva poderá ser decretada como garantia da ordem pública, da ordem econômica, por conveniência da instrução criminal ou para assegurar a aplicação da lei penal, quando houver prova da existência do crime e indício sufi-

217. A organização criminosa somente foi promovida à categoria dos delitos hediondos no ano de 2019, por força da Lei 13.964, e ainda assim, apenas quando voltada à "prática de crime hediondo ou equiparado" (Lei 8.072/90, art. 1º, parágrafo único, V), não sendo, portanto, inafiançável (CF, art. 5º, XLIII). Já o requisito da "permanência", inerente tanto ao tipo de organização criminosa quanto ao de associação criminosa (CP, art. 288), não se confunde com o momento consumativo que se prolonga no tempo, característica dos "delitos permanentes", como será examinado no próximo item.

> ciente de autoria e de perigo gerado pelo estado de liberdade do imputado.
>
> [...]
>
> Art. 313. Nos termos do art. 312 deste Código, será admitida a decretação da prisão preventiva:
>
> I - nos crimes dolosos punidos com pena privativa de liberdade máxima superior a 4 (quatro) anos;
>
> [...]
>
> Art. 324. Não será, igualmente, concedida fiança:
>
> [...]
>
> IV - quando presentes os motivos que autorizam a decretação da prisão preventiva (art. 312).

Explicando de forma mais simples: o referido parlamentar não encontrava-se em situação de flagrante por crime inafiançável, "emergindo" a inafiançabilidade, exigida pelo texto constitucional, pela presença dos requisitos da prisão preventiva, em claro sofisma e inaceitável ativismo judicial que já desabrochava na época dos fatos.

b) Posteriormente, na Ação Direta de Inconstitucionalidade nº 5526, cujo objeto era conferir interpretação conforme aos arts. 312 e 319, do Código de Processo Penal, para exigir o encaminhamento à respectiva Casa Legislativa para deliberação, quando decretada a prisão preventiva de congressista ou imposta medida cautelar alternativa, o STF, após cinicamente reconhecer não ser possível a prisão preventiva – "cinicamente" em razão do *malabarismo jurídico* empregado na AC nº 4039 –, avançou um pouco mais na *interpretação contrária à Constituição*, novamente chancelando a possibilidade de aplicação de medidas cautelares alternativas à prisão a parlamentares federais, na esteira de precedente da própria Corte (AC nº 4070), porém, exigindo o referido encaminhamento à Casa Legislativa, quando a medida impossibilitar o exercício do mandato, nos termos da ementa que se transcreve:

> CONSTITUCIONAL E PROCESSO PENAL. INAPLICABILIDADE DE PRISÃO PREVENTIVA PREVISTA NO ARTIGO 312 DO CPP AOS PARLAMENTARES FEDERAIS QUE, DESDE A EXPEDIÇÃO DO DIPLOMA, SOMENTE PODERÃO SER PRESOS EM FLAGRANTE DELITO POR CRIME INAFIANÇAVEL. COMPETÊNCIA PLENA DO PODER JUDICIÁRIO PARA IMPOSIÇÃO DAS MEDIDAS CAUTELARES PREVISTAS NO ARTIGO 319 DO CPP AOS PARLAMENTARES, TANTO EM SUBSTITUIÇÃO A PRISÃO EM FLAGRANTE DELITO POR CRIME INAFIANÇÁVEL, QUANTO EM GRAVES E EXCEPCIONAIS CIRCUNSTANCIAS. INCIDÊNCIA DO §2º, DO ARTIGO 53 DA CONSTITUIÇÃO FEDERAL SEMPRE QUE AS MEDIDAS APLICADAS IMPOSSIBILITEM, DIRETA OU INDIRETAMENTE, O PLENO E REGULAR EXERCÍCIO DO MANDATO PARLAMENTAR. AÇÃO PARCIALMENTE PROCEDENTE. 1. Na independência harmoniosa que rege o princípio da Separação de Poderes, as imunidades do Legislativo, assim como as garantias do Executivo, Judiciário e do Ministério Público, são previsões protetivas dos Poderes e Instituições de Estado contra influências, pressões, coações e ingerências internas e externas e devem ser asseguradas para o equilíbrio

de um Governo Republicano e Democrático. 2. Desde a Constituição do Império até a presente Constituição de 5 de outubro de 1988, as imunidades não dizem respeito à figura do parlamentar, mas às funções por ele exercidas, no intuito de preservar o Poder Legislativo de eventuais excessos ou abusos por parte do Executivo ou Judiciário, consagrando-se como garantia de sua independência perante os outros poderes constitucionais e mantendo sua representação popular. Em matéria de garantias e imunidades, necessidade de interpretação separando o CONTINENTE ('Poderes de Estado') e o CONTEÚDO ('eventuais membros que pratiquem ilícitos'), para fortalecimento das Instituições. 3. A imunidade formal prevista constitucionalmente somente permite a prisão de parlamentares em flagrante delito por crime inafiançável, sendo, portanto, incabível aos congressistas, desde a expedição do diploma, a aplicação de qualquer outra espécie de prisão cautelar, inclusive de prisão preventiva prevista no artigo 312 do Código de Processo Penal. 4. O Poder Judiciário dispõe de competência para impor aos parlamentares, por autoridade própria, as medidas cautelares a que se refere o art. 319 do Código de Processo Penal, seja em substituição de prisão em flagrante delito por crime inafiançável, por constituírem medidas individuais e específicas menos gravosas; seja autonomamente, em circunstancias de excepcional gravidade. 5. Os autos da prisão em flagrante delito por crime inafiançável ou a decisão judicial de imposição de medidas cautelares que impossibilitem, direta ou indiretamente, o pleno e regular exercício do manda-

> to parlamentar e de suas funções legislativas, serão remetidos dentro de vinte e quatro horas a Casa respectiva, nos termos do §2º do artigo 53 da Constituição Federal, para que, pelo voto nominal e aberto da maioria de seus membros, resolva sobre a prisão ou a medida cautelar. 6. Ação direta de inconstitucionalidade julgada parcialmente procedente (Rel. p/ acórdão min. Alexandre de Moraes, j. 11.10.2017).

Diversamente do que se verificou na AC nº 4039, quando o STF já desenvolvia um reprovável exercício de interpretação para tentar justificar a ofensa à Constituição Federal, na ADI nº 5526, com a porteira do arbítrio já arrebentada, o mesmo Tribunal, sem qualquer constrangimento, simplesmente consignou que, "o Poder Judiciário dispõe de competência para impor aos parlamentares, por autoridade própria, as medidas cautelares a que se refere o art. 319 do Código de Processo Penal", mesmo sem qualquer previsão constitucional neste sentido. Isso certamente "explica" as subsequentes decisões proferidas pela mesma Corte, incluindo-se as examinadas no presente trabalho, estimuladas pela completa ausência de mecanismos efetivos de controle de constitucionalidade de suas decisões.[218]

No mesmo julgamento, o STF entendeu que o encaminhamento à respectiva Casa Legislativa, previsto no art. 53, parágrafo 2º, segunda parte, da Constituição Federal, somente seria necessário quando a medida cautelar aplicada – sem previsão constitucional, insista-se, seja como substitutiva de

218. Sobre o tema, vide Considerações Finais.

prisão em flagrante, seja na modalidade autônoma – impossibilitar, "direta ou indiretamente, o pleno e regular exercício do mandato parlamentar e de suas funções legislativas", dispensando-se tal encaminhamento, *a contrario sensu*, nas demais hipóteses, em clara afronta à separação de Poderes (CF, art. 2º), não havendo, pois, falar-se em mera aplicação do princípio da inafastabilidade da jurisdição (CF, art. 5º, XXXV).

4. Classificação dos crimes quanto ao momento consumativo, modalidades de prisão e o "mandado de prisão em flagrante"

De acordo com o Código Penal, o crime é tentado, "quando, iniciada a execução, não se consuma por circunstâncias alheias à vontade do agente" (art. 14, II), e consumado, "quando nele se reúnem todos os elementos de sua definição legal" (art. 14, I). Na lição de Damásio de Jesus, os delitos, quanto ao momento consumativo, classificam-se em:[219]

a) Instantâneos: quando a consumação ocorre num único momento, v.g., homicídio, roubo e corrupção ativa;

b) Permanentes: quando o momento consumativo se prolonga no tempo, dividindo-se em: i- necessariamente permanentes, quando "a continuidade do estado danoso ou perigoso é

219. D. E. Jesus. Direito Penal: Parte Geral. 19ª ed. rev. e atual. São Paulo: Saraiva, 1995, v. 1, p. 170-172.

essencial à sua configuração",[220] e.g., sequestro e cárcere privado (CP, art. 148); e ii- eventualmente permanentes, quando "a persistência da situação antijurídica não é indispensável e, se ela se verifica, não dá lugar a vários crimes, mas a uma só conduta punível",[221] p. ex., usurpação de função pública (CP, art. 328);

c) Instantâneos de efeitos permanentes: quando a manutenção da situação antijurídica não depende da vontade do agente, v.g., bigamia (CP, art. 235).

Quanto à prisão em flagrante, o Código de Processo Penal, após diferenciar o flagrante obrigatório do facultativo (CPP, art. 301),[222] elenca as seguintes modalidades (CPP, art. 302, I a IV):[223]

a) Flagrante próprio, real ou propriamente dito: quando o agente está cometendo a infração penal ou acaba de cometê-la (CPP, art. 302, I e II);

b) Flagrante impróprio, irreal ou quase-flagrante: quando o agente é perseguido, logo após cometer o crime, presumindo-se que seja ele o autor da infração penal (CPP, art. 302, III);

c) Flagrante presumido, ficto ou assimilado: quando o agente é encontrado, logo depois do crime, com objetos que façam presumir ser ele o autor do delito (CPP, art. 302, IV).

---

220. Ibid., p. 171.

221. Ibid., p. 171.

222. Transcreve-se o citado dispositivo: "Qualquer do povo poderá e as autoridades policiais e seus agentes deverão prender quem quer que seja encontrado em flagrante delito".

223. F. Capez, op. cit., p. 319-320.

Finalmente, o art. 303, do mesmo diploma, assim dispõe: "Nas infrações permanentes, entende-se o agente em flagrante delito enquanto não cessar a permanência".

Além da prisão em flagrante, é possível a prisão do indivíduo nos seguintes casos:[224]

a) Transgressão militar ou crime militar próprio (CF, art. 5º, LXI), durante o estado de sítio e de defesa (CF, arts. 136, § 3º, I e III, e 139, II),[225] e recaptura de preso evadido (CPP, art. 684);

b) Ordem judicial devidamente fundamentada, mediante expedição de mandado de prisão, proveniente de prisão cautelar (temporária ou preventiva), pronúncia, condenação criminal ou de inadimplemento de prestação alimentícia (CF, art. 5º, LXVII).

Portanto, inexiste na legislação brasileira a figura do "mandado de prisão em flagrante", pois, ou o sujeito encontra-se numa das situações de flagrante previstas no art. 302, incisos I a IV, do Código de Processo Penal, e assim poderá ou deverá ser preso (CPP, art. 301), imediatamente e sem necessidade de ordem judicial escrita, ou a prisão decorrerá da expedição de um mandado de prisão, naquelas outras situações previstas em Lei e na Constituição Federal.

---

224. T. F. Schoedl, 2243 Questões..., p. 464.

225. Sobre os mecanismos que integram o sistema constitucional das crises, confiram-se as Considerações Finais, item nº 2.2.

5. Análise de conteúdo da decisão que determinou a prisão em flagrante no âmbito do Inquérito nº 4781

Considerando-se que a prisão do parlamentar Daniel Silveira foi deflagrada no mesmo Inquérito nº 4781, estudado no Capítulo anterior, as mesmas observações ali externadas, acerca das violações do sistema acusatório e das regras e princípios constitucionais e legais (de natureza material e processual), aplicam-se ao presente Capítulo, acrescentando-se o quanto segue.

De início, importante ressaltar que, ao contrário do que muitos alardeiam, inclusive o próprio parlamentar federal investigado, a imunidade material do art. 53, *caput*, da Constituição Federal, não possui natureza absoluta. Partindo-se dessa premissa, conclui-se ter havido evidente excesso na manifestação do parlamentar, ao dirigir não apenas pesadas críticas a ministros do STF – muitas delas totalmente procedentes, deve-se reconhecer, e assim amparadas pela liberdade de expressão e de imprensa –, mas também ofensas que nada mais são do que singelos crimes de calúnia e injúria, previstos nos arts. 138 e 140, c.c. o art. 141, inciso II, do Código Penal, e sujeitos à ação penal pública mediante representação do ofendido, ou à queixa-crime, ambas perante o juiz singular competente, tudo conforme o art. 145, *caput* e parágrafo único, do Código Penal, o art. 70, *caput*, do Código de Processo Penal,[226]

---

226. Transcrevem-se os citados dispositivos:
CP, Art. 138. Caluniar alguém, imputando-lhe falsamente fato definido como crime:

e a Súmula nº 714 do STF,[227] sem prejuízo das responsabilidades civil e funcional.

Neste ponto específico, foi correta a afirmação do ministro-relator e vítima, contida no julgamento que determinou a prisão do parlamentar:

> A jurisprudência da CORTE é pacífica no sentido de que a garantia constitucional da imunidade parlamentar material somente incide no caso de as manifestações guardarem conexão com o desempenho da função legislativa ou que sejam proferidas em razão desta; não sendo possível utilizá-la como verdadeiro escudo protetivo para a prática de atividades ilícitas.

Pena - detenção, de seis meses a dois anos, e multa.
[...]
Art. 140 - Injuriar alguém, ofendendo-lhe a dignidade ou o decoro:
Pena - detenção, de um a seis meses, ou multa.
[...]
Art. 141 - As penas cominadas neste Capítulo aumentam-se de um terço, se qualquer dos crimes é cometido:
[...]
II - contra funcionário público, em razão de suas funções, ou contra os Presidentes do Senado Federal, da Câmara dos Deputados ou do Supremo Tribunal Federal;
[...]
Art. 145 - Nos crimes previstos neste Capítulo somente se procede mediante queixa, salvo quando, no caso do art. 140, § 2º, da violência resulta lesão corporal.
Parágrafo único. Procede-se mediante requisição do Ministro da Justiça, no caso do inciso I do caput do art. 141 deste Código, e mediante representação do ofendido, no caso do inciso II do mesmo artigo, bem como no caso do § 3º do art. 140 deste Código.
CPP, Art. 70. A competência será, de regra, determinada pelo lugar em que se consumar a infração, ou, no caso de tentativa, pelo lugar em que for praticado o último ato de execução.

227. O mencionado verbete assim dispõe: "É concorrente a legitimidade do ofendido, mediante queixa, e do ministério público, condicionada à representação do ofendido, para a ação penal por crime contra a honra de servidor público em razão do exercício de suas funções".

Todavia, no que se refere à imunidade formal (CF, art. 53, § 2º), não se trata de hipótese que autorizava a prisão em flagrante do parlamentar, por três razões: a) não havia estado de flagrância, pois os crimes contra a honra, ainda que veiculados por redes sociais, não se classificam como permanentes, quando então poderiam admitir a prisão em flagrante enquanto não cessada a permanência (CPP, art. 303), sendo apenas instantâneos; a afirmação do ministro-relator, no sentido de que a situação "configura crime permanente enquanto disponível ao acesso de todos", constitui uma das maiores aberrações jurídicas da História do Direito Brasileiro; b) ainda que admitida a falsa premissa de que a injúria e a calúnia virtuais são modalidades de crime permanente, a hipótese não se enquadra no art. 53, parágrafo 2º, da Constituição Federal, que exige "crime inafiançável", não bastando consignar-se que, "a presença dos requisitos autorizadores da prisão preventiva afasta a afiançabilidade do crime", o mesmo reprovável sofisma visto na AC nº 4039, sendo que os crimes de injúria e calúnia, cujas penas máximas não excedem a 4 anos, não admitem prisão preventiva (CPP, art. 313, I);[228] e c) para tentar "adequar" o fato imputado aos preceitos constitucionais, o ministro-relator, no julgamento do mérito (AP nº 1044), tipificou o fato como delito contra a Segurança Nacional (art. 18

228. Transcreve-se o art. 313, incisos I a III, do Código de Processo Penal: "Nos termos do art. 312 deste Código, será admitida a decretação da prisão preventiva:
I - nos crimes dolosos punidos com pena privativa de liberdade máxima superior a 4 (quatro) anos;
II - se tiver sido condenado por outro crime doloso, em sentença transitada em julgado, ressalvado o disposto no inciso I do caput do art. 64 do Decreto-Lei no 2.848, de 7 de dezembro de 1940 - Código Penal;
III - se o crime envolver violência doméstica e familiar contra a mulher, criança, adolescente, idoso, enfermo ou pessoa com deficiência, para garantir a execução das medidas protetivas de urgência".

da revogada Lei 7.170/83),[229] aplicando o princípio da ultra-atividade da *lex mitior*, o que também não convence, pois, em momento algum, o parlamentar atentou contra quaisquer Poderes da União ou dos Estados, com emprego de violência ou grave ameaça, tecendo apenas críticas ao STF, em sua maioria procedentes, porém excedendo-se em alguns momentos e incidindo nos delitos de calúnia e injúria.

O que mais causou perplexidade foi o silêncio eloquente da esmagadora maioria das classes jurídica e jornalística, diante das atrocidades cometidas no âmbito do inquérito nº 4781, do STF, seja no tocante aos diversos desdobramentos examinados no Capítulo anterior, seja quanto à prisão arbitrária enfrentada neste Capítulo, cabendo aqui a oportuna advertência de Olavo de Carvalho:

> [...] o intelectual progressista de hoje pode patrulhar, acusar, carimbar, julgar e condenar em nome dos motivos mais subjetivos e estapafúrdios, seguro de que ao menos a parte do público que comunga de seus sentimentos lhe dará razão e de que o réu não poderá defender-se senão em nome de princípios que, precisamente, não têm credibilidade alguma para essa parte do público. Ficamos assim à mercê de opções sentimentais irredutíveis que não têm a mínima satisfação a prestar à razão e à coerência. Nosso destino passa a depender inteiramente de consensos emocionais fortuitos que nos aplaudam ou nos condenem conforme a direção do vento e a

229. Transcreve-se o citado tipo penal, revogado pela Lei 14.197/21: "Tentar impedir, com emprego de violência ou grave ameaça, o livre exercício de qualquer dos Poderes da União ou dos Estados – Pena: reclusão, de 2 a 6 anos.

menor ou maior habilidade retórica de nossos acusadores.[230]

Traduzindo em termos jurídicos o desabafo do saudoso filósofo, e fazendo uma síntese das inconstitucionalidades e ilegalidades enfrentadas neste Capítulo e no anterior, conclui-se que as diversas alegações sobre as ofensas ao devido processo legal e ao próprio sistema acusatório soaram no País como vozes perdidas ao vento, sendo completamente ignoradas por uma Corte cuja missão é exatamente defender a ordem jurídico-constitucional, a qual se converteu, lamentavelmente, num *Tribunal Policial*, típico dos regimes ditatoriais mais repugnantes da História da Humanidade.

5.1. Princípios violados: liberdade de expressão – liberdade de imprensa – reserva legal penal – devido processo legal – juiz natural – inércia da jurisdição – contraditório e ampla defesa

5.2. Normas constitucionais e legais violadas: CF, arts. 5º, XXXVII, XXXIX,

230. Op. cit., p. 242-243.

LIII, LIV, LV, LXI, 53, § 2º, 129, I, e 220, caput e § 2º; CP, art. 1º; e CPP, arts. 70, *caput*, 302, I a IV, e 303.

Considerações finais: métodos de controle de constitucionalidade das decisões de cortes supremas[231]

1. Modalidades de controle de constitucionalidade

Decisões como as examinadas no presente trabalho acarretam o desvirtuamento da pirâmide normativa kelseniana, colocando o STF em seu topo e acima da Constituição, e

231. Considerações Finais desenvolvidas a partir de artigo publicado no *site* www.migalhas.com.br, no dia 12.04.2021, denominado: "A ampliação do círculo de intérpretes da Constituição' (HÄBERLE, 2002) como método de controle de constitucionalidade de decisões da Corte Suprema". Disponível em <<https://www.migalhas.com.br/depeso/343473/a-ampliacao-do-circulo-de-interpretes-da-constituicao-haberle-2002>>. Acesso em 21.04.2022.

produzindo acentuada insegurança jurídica, quadro que recomenda a implementação de mecanismos mais eficientes para corrigir os rumos de nossa Corte Suprema, tema que será objeto dessas considerações finais.

Partindo-se assim da estrutura escalonada e piramidal do ordenamento jurídico, concebida por Kelsen,[232] verifica-se que as leis, atos normativos, atos administrativos e decisões judiciais devem se subordinar à Constituição Federal,[233] norma fundamental que, muito além de organizar e limitar o poder estatal, possui "força normativa"[234] para orientar e controlar os atos emanados dos três Poderes da República.

O controle de constitucionalidade, definido como o "exame de compatibilidade vertical entre uma lei ou ato normativo e a Constituição Federal",[235] é exercido tanto pelos Poderes Legislativo e Executivo (controle preventivo), como pelo Poder Judiciário (controle repressivo e, excepcionalmente, preventivo); em relação a este último, o Brasil adotou como regra o modelo norte-americano, de Marshall, segundo o qual o vício da inconstitucionalidade situa-se no plano da validade da norma, ou seja, a decisão que o reconhece opera efei-

---

232. H. Kelsen, Teoria Pura do Direito..., p. 94 e 102-112.

233. De acordo com Raúl Ferreyra, "todo o resto das disposições subconstitucionais do sistema jurídico, ao fundar a sua validade na Lei Maior, podem ser consideradas, de forma rudimentar, como derivações ou apêndices do discurso constitucional prescritivo" (R. G. Ferreyra. Constituição e Direitos Fundamentais: um enfoque sobre o mundo do Direito. Prefácio de Paulo Bonavides. Tradução de Carolina Machado Ciryllo da Silva e David Leal da Silva. Porto Alegre: Linus, 2012, p. 37).

234. K. Hesse, op. cit., p. 9-15.

235. T. F. Schoedl. Controle de constitucionalidade dos tipos penais sob o aspecto material. In: P. Aragão (coord.) – J. M. Tayah (coord.) – L. D. Romano (coord.). Reflexiones sobre Derecho Latinoamericano: Estudios en Homenaje al Profesor Ignacio Tedesco. Buenos Aires, São Paulo e Rio de Janeiro: Livre Expressão, 2013, v. 11, p. 510.

tos *ex tunc*, declarando o ato nulo (natimorto);[236] apenas por exceção, aplica-se o modelo austríaco, de Kelsen, pelo qual o mesmo vício encontra-se no plano da existência, de tal sorte que a declaração de inconstitucionalidade torna o ato apenas anulável, com efeitos *ex nunc* (Lei 9.868/99, art. 27).[237]

Restringindo-se ao controle de constitucionalidade judicial, seja pelo método concentrado ou abstrato (exercido por um órgão jurisdicional específico, visando declarar ou não a inconstitucionalidade de uma lei ou ato normativo), seja pelo difuso ou concreto (por qualquer magistrado, quando a questão constitucional integra a causa de pedir, e não o pedido), os estudos em geral partem da premissa absoluta de que a Corte Suprema é a guardiã implacável da Constituição Federal, consoante o disposto em seu art. 102, *caput*: "Compete ao Supremo Tribunal Federal, precipuamente, a guarda da Constituição [...]".

De outra parte, a separação de Poderes, concebida de forma embrionária por Locke,[238] estabelecida por Montesquieu,[239] encampada pela Constituição Federal brasileira em seu art. 2º, e, finalmente, aperfeiçoada pelo sistema *checks and balances* (freios e contrapesos)[240], tem como escopo preservar a estabilidade social e jurídica, evitando-se, ao menos no

236. Na clássica lição de Buzaid, "toda lei adversa à Constituição é absolutamente nula, não simplesmente anulável. A eiva de inconstitucionalidade a atinge no berço, fere-a "ab initio". Ela não chegou a viver. Nasceu morta. Não teve, pois, nenhum momento de validade" (A. Buzaid. Da Ação Direta de Inconstitucionalidade no Direito Brasileiro. São Paulo: Saraiva, 1958, nº 58, p. 129).

237. Apud P. Lenza, op. cit., p. 240-244. Confira-se ainda, a respeito do tema: T. F. Schoedl. Controle de constitucionalidade..., p. 507-520.

238. M. G. Ferreira Filho. Curso de Direito Constitucional. 24ª ed. rev. São Paulo: Saraiva, 1997, p. 131-132.

239. C. S. B. Montesquieu, op. cit., p. 141-163.

240. P. Lenza, op. cit., p. 482.

plano abstrato, que um dos Poderes imponha-se aos demais, vulnerando a própria essência do Estado Democrático de Direito; todavia, enquanto os abusos perpetrados por integrantes dos Poderes Executivo e Legislativo podem ser reparados pela atuação destes próprios Poderes ou do Poder Judiciário, o mesmo não se observa quando tais ilícitos são provenientes deste último, devendo ser distinguidas duas situações:

a) Quando a decisão inconstitucional é proferida por um magistrado ou Tribunal, o problema se resolve com certa tranquilidade, diante da possibilidade de recursos ou meios de impugnação correlatos a uma instância superior, desde os Tribunais locais até o Supremo Tribunal Federal;

b) Quando o vício da inconstitucionalidade, no entanto, provém da própria Corte Suprema, há apenas mecanismos mais "tímidos" e "remotos", e ainda assim ineficientes para atacar a decisão em si mesma, pois não existe um órgão jurisdicional de controle de suas decisões (nacional ou internacional), e nem jurisprudência a respeito do tema, por razões óbvias; tais decisões, conforme examinado no presente trabalho, costumam ser camufladas com o emprego de expressões aparentemente jurídicas, as quais muitas vezes não despertam questionamentos, mas na essência são impregnadas por uma elevada carga de subjetivismo, fruto do mau emprego do Neoconstitucionalismo e das "inovações hermenêuticas" que o caracterizam,[241] conduzindo ao ativismo judicial e gerando insegurança jurídica – ou, como já advertia Ferreira Filho, ao temido "governo dos juízes".[242]

---

241. W. M. Agra, 2008, apud P. Lenza, op. cit., p. 62-63.

242. M. G. Ferreira Filho, op. cit., p. 263. Nessa mesma esteira, leciona Ives Gandra que, "à luz da denominada interpretação conforme, estão conformando a Constituição à sua

Como adverte Feyesleben, o atual juiz ativista, não satisfeito com sua função jurisdicional, vem usurpando a função legiferante, "criando direitos subjetivos a seu talante. Inebriado com um ilusório senso justiceiro, e evocando 'princípios como quem entoa cânticos mântricos de alguma seita cabalística" –[243] aliás, curiosamente, o próprio ministro Alexandre de Moares se manifestou neste sentido, em seu voto proferido na ADI nº 5526, examinada no Capítulo V, item nº 3:

> A utilização vaga, genérica e sem fundamentação teórica de importantes princípios, como o da moralidade, o republicano, o democrático; ora para uma interpretação; ora para outra interpretação, sem qualquer embasamento nos casos concretos ou no enquadramento jurídico normativo, acaba por enfraquecê-los, pois não podem ser utilizados como panaceia para todos os males do ordenamento jurídico ou dos problemas do país, devendo ser combatida essa prática.

Este panorama também não escapou à detida análise de Ludmila Grilo, ao abordar as ilegalidades e inconstitucionalidades contidas no Inquérito nº 4781, do STF, analisado no Capítulo IV desta obra:

> Sob o pretexto de investigar ofensas aos seus membros, violou, de uma só tacada, a Constituição, as

imagem e semelhança e não àquela que o povo desenhou por meio de seus representantes" (I. G. S. Martins. A Constituição "conforme" o STF. Jornal Carta Forense, jun. 2011, p. B4).

243. Op. cit., p. 215.

leis e uma série de princípios dos mais tradicionais e comezinhos do Direito Penal e do Processo Penal. Considerando que a função de uma Suprema Corte em qualquer país democrático é a de, precisamente, conferir segurança jurídica a seus cidadãos, fazendo valer com rigor a Constituição e as leis que juraram cumprir, qual não será o verdadeiro *status* de um país que vê seu sistema jurídico ruir por força e obra daqueles que, justamente, foram incumbidos de preservá-lo? [...] já vimos o mundo padecer com uma série de ditaduras violentas e sanguinárias, todas provenientes do Poder Executivo, como o que já ocorrera na Alemanha, na China, na Venezuela, e em tantos outros países que sofreram nas mãos de dirigentes arbitrários. A ditadura do judiciário, por sua vez, é uma modalidade mais rara de arbítrio, e de mais difícil resolução, pois se excluem, quase que de imediato, as *soluções jurídicas* – já que o Direito se encontra suspenso – restando apenas eventuais *soluções políticas* [...] Se a violação aos direitos provém dos Poderes Executivo ou Legislativo, é perfeitamente possível que o Judiciário faça estancar a sangria pela aplicação do Direito. Entretanto, quando a violação vem do próprio Poder Judiciário, é evidente que a solução terá de vir de alguma outra fonte, que não a do Direito.[244]

---

244. Op. cit., p. 48 e 63.

Concorda-se, parcialmente, com o entendimento externado, pretendendo-se, nessas considerações finais, apresentar tanto soluções políticas como jurídicas para este intrincado problema, o qual diz respeito à célebre indagação do poeta romano Juvenal, em "As Sátiras": *quis custodes custodiet*? (quem guarda o guardião?).[245]

2. Controle de constitucionalidade de decisões das próprias Cortes Supremas

Sob o aspecto processual-constitucional, não existe na legislação brasileira nenhum recurso ou instrumento correlato eficiente que permita reformar ou anular as decisões da STF, ressaltando-se, entretanto, quanto ao tema enfrentado no Capítulo V (prisão de parlamentares federais fora das hipóteses de flagrante por crime inafiançável), o ineditismo da graça concedida pelo presidente da República ao deputado Daniel Silveira, objeto de Decreto expedido no dia 21 de abril de 2022.

Häberle, ao tratar da "democratização da interpretação constitucional", embora não considere, especificamente, este desvirtuamento da Corte Suprema, defende que o círculo de intérpretes da Constituição deva ser ampliado, não se restringindo aos magistrados e incluindo órgãos públicos, entidades

245. Apud S. Sponholz. O inquérito das fake news: o ápice da deslegitimação do poder judicial. In: C. R. M. Piovezan (org.). Inquérito do Fim do Mundo: o apagar das luzes do Direito Brasileiro. Londrina: Editora E.D.A, 2020, p. 183.

de classe e até mesmo os cidadãos – estes últimos denominados "intérpretes constitucionais em sentido lato" –, o que chama de transformação de "uma sociedade fechada dos intérpretes da Constituição para uma interpretação constitucional pela e para uma sociedade aberta";[246] na lição do autor,

> todo aquele que vive no contexto regulado por uma norma e que vive com este contexto é, indireta ou, até mesmo diretamente, um intérprete dessa norma. O destinatário da norma é participante ativo, muito mais ativo do que se pode supor tradicionalmente, do processo hermenêutico. Como não são apenas os intérpretes jurídicos da Constituição que vivem a norma, não detêm ele o monopólio da interpretação da Constituição.[247]

Com efeito, as decisões examinadas nos Capítulos anteriores vêm acarretando intensas discussões nos meios acadêmicos, profissionais e midiáticos, devendo assim ser aponta-

---

246. P. Häberle. Hermenêutica Constitucional – A sociedade aberta dos intérpretes da Constituição: contribuição para a interpretação pluralista e "procedimental" da Constituição. Trad. de Gilmar Ferreira Mendes. Porto Alegre: Sergio Antonio Fabris Editor, 1997. Reimp. 2002, p. 9-13.

247. Ibid., p. 15. Valendo-se das lições do mesmo autor, já se defendeu a necessidade de uma tecnologia social on line destinada ao exercício do direito de resposta, permitindo-se que diversos atores sociais – e não apenas o Poder Judiciário – "promovam a interpretação da Constituição Federal quando verificado o conflito entre a liberdade de imprensa e os direitos da personalidade, trazendo-se o debate para o território virtual" (T. F. Schoedl. Tecnologia Social on line destinada ao exercício do direito de resposta: a utilização do território virtual como espaço centralizado para a defesa de direitos fundamentais. In: Revista Âmbito Jurídico, nº 193, Ano XXIII, Fev/2020. Disponível em <<https://ambitojuridico.com.br/cadernos/direito-constitucional/tecnologia-social-on-line-destinada-ao-exercicio-do-direito-de-resposta-a-utilizacao-do-territorio-virtual-como-espaco-centralizado-para-a-defesa-de-direitos-fundamentais/>>. Acesso em 2.04.2021). Confira-se ainda, a respeito do tema: T. F. Schoedl, Liberdade de imprensa..., p. XI-XIV e 215-216.

das possíveis soluções, restringindo-se àquelas que encontram guarida no Estado Democrático de Direito (CF, art. 1º, *caput*).

Em princípio, podem ser citados dois mecanismos de controle de constitucionalidade de decisões proferidas pela própria Corte Suprema – no caso brasileiro, pelo STF –, os quais serão enfrentados na sequência e se classificam como instrumentos normatizados; em seguida, serão examinados dois instrumentos não-normatizados de forma expressa.

2.1. *Impeachment* de ministros do STF (CF, art. 52, II)

Os crimes de responsabilidade, pressupostos do processo de impedimento (*impeachment*), são "infrações político-administrativas contrárias ao Estado democrático de Direito, à probidade da Administração Pública e aos direitos individuais, sociais e institucionais garantidos pela Constituição Federal".[248] O art. 85, incisos I a VII, da Carta Magna, de forma genérica e exemplificadamente, define os crimes de responsabilidade do presidente da República:

> CF, Art. 85. São crimes de responsabilidade os atos do Presidente da República que atentem contra a Constituição Federal e, especialmente, contra:
>
> I - a existência da União;

248. T. F. Schoedl, 2243 Questões..., p. 80.

II - o livre exercício do Poder Legislativo, do Poder Judiciário, do Ministério Público e dos Poderes constitucionais das unidades da Federação;

III - o exercício dos direitos políticos, individuais e sociais;

IV - a segurança interna do País;

V - a probidade na administração;

VI - a lei orçamentária;

VII - o cumprimento das leis e das decisões judiciais.

Parágrafo único. Esses crimes serão definidos em lei especial, que estabelecerá as normas de processo e julgamento.

Apesar da denominação desta categoria de ilícito, e adotando-se o entendimento majoritário no sentido da ausência de distinção ontológica entre os diversos ilícitos, sendo a diferenciação apenas quantitativa (de gradação da sanção),[249] os crimes de responsabilidade não são, propriamente, infrações penais, as quais, de acordo com o art. 1º da Lei de Introdução do Código Penal, exigem penas de reclusão ou detenção (crimes), ou de prisão simples (contravenções penais),[250] muito

249. Confira-se, a respeito do tema: Confira-se, a respeito do tema: N. Hungria. Comentários ao Código Penal: arts. 250 a 361. Rio de Janeiro: Edição Revista Forense, 1958, v. IX, p. 315; E. M. Noronha, Direito Penal. 20ª ed. rev. e atual. por Adalberto José Q. T. de Camargo Aranha. São Paulo: Saraiva, 1995, v. 4, p. 199; e E. R. Zaffaroni, Tratado de Derecho Penal..., p. 244.

250. Transcreve-se o citado dispositivo: "Considera-se crime a infração penal que a lei comina pena de reclusão ou de detenção, quer isoladamente, quer alternativa ou cumulativamente com a pena de multa; contravenção, a infração penal a que a lei comina, isoladamente, pena de prisão simples ou de multa, ou ambas, alternativa ou cumulativamente".

embora o mesmo fato também possa ser penalmente típico, gerando assim dupla responsabilização do agente político, como assegurado pelos arts. 3º, da Lei 1.079, e 52, parágrafo único, da Constituição Federal, reproduzidos mais adiante.

Tampouco há de confundir-se os delitos de responsabilidade com os atos de improbidade administrativa, definidos como atos de natureza civil, caracterizados pela desonestidade, tipificados em Lei e que importam prejuízo ao erário, enriquecimento ilícito ou em ofensa aos princípios da Administração Pública (Lei 8.429/92, arts. 9º, 10 e 11) – a chamada "ilegalidade qualificada pela má-fé", referida por Pazzaglini Filho –,[251] razão pela qual já se defendeu a não-absorção deste último pelo crime de responsabilidade:

> [...] tais infrações possuem natureza distinta: enquanto os crimes de res- ponsabilidade procuram tutelar os bens jurídicos descritos no art. 85, incisos I a VII, da Carta Política, punindo infratores específicos com a perda do cargo e a inabilitação para o exercício de qualquer função pública por 8 anos (CF, art. 52, I e II, e parágrafo único), a Lei 8.429/92 protege especifica- mente a probidade da Administração Pública, aplicável a qualquer agente público, assim definido em seu art. 2º, e prevê outras espécies de sanções (art. 12, I a III).[252]

251. M. Pazzaglini Filho. Lei de improbidade administrativa comentada: aspectos constitucionais, administrativos, civis, criminais, processuais e de responsabilidade fiscal; legislação e jurisprudência atualizadas. 3ª ed. São Paulo: Atlas, 2006, p. 19.

252. T. F. Schoedl, 2243 Questões..., p. 81. Em idêntico sentido: H. N. Mazzilli, op. cit., p. 223-224. No sentido da absorção do ato de improbidade pelo crime de responsabilidade: STF, Reclamação 2138/DF, Rel. p/ Acórdão Min. Gilmar Mendes, Tribunal Pleno, j. 13.06.2007.

Em nível infraconstitucional, o tema é esmiuçado pela Lei 1.079/50, nos arts. 5º a 13, conferindo-se legitimidade a qualquer cidadão para ofertar representação (art. 14), e, mais adiante, são tipificados os delitos de responsabilidade dos ministros do STF (arts. 39, 1 a 5, e 39-A):

> Lei 1.079/50, Art. 39. São crimes de responsabilidade dos Ministros do Supremo Tribunal Federal:
>
> 1- altera, por qualquer forma, exceto por via de recurso, a decisão ou voto já proferido em sessão do Tribunal;
>
> 2 - proferir julgamento, quando, por lei, seja suspeito na causa;
>
> 3 - exercer atividade político-partidária;
>
> 4 - ser patentemente desidioso no cumprimento dos deveres do cargo;
>
> 5 - proceder de modo incompatível com a honra, dignidade e decoro de suas funções.
>
> Art. 39-A. Constituem, também, crimes de responsabilidade do Presidente do Supremo Tribunal Federal ou de seu substituto quando no exercício da Presidência, as condutas previstas no art. 10 desta Lei, quando por eles ordenadas ou praticadas.[253]

Havendo indícios de crime de responsabilidade praticado por ministro do STF, o julgamento será realizado pelo

253. O art. 10 da Lei 1.079/50 tipifica crimes de responsabilidade atinentes à Lei orçamentária.

Senado Federal, funcionando como presidente o próprio ministro-presidente do STF, e, uma vez alcançados dois terços dos votos, será decretada a perda do cargo e a inabilitação, por oito anos, para o exercício de função pública, sem prejuízo das demais sanções cabíveis, conforme o parágrafo único do citado dispositivo constitucional, assim também dispondo o art. 3º da Lei 1.079/50:

> CF, Art. 52. Compete privativamente ao Senado Federal:
>
> [...]
>
> II- processar e julgar os Ministros do Supremo Tribunal Federal, os membros do Conselho Nacional de Justiça e do Conselho Nacional do Ministério Público, o Procurador-Geral da República e o Advogado-Geral da União nos crimes de responsabilidade;
>
> [...]
>
> Parágrafo único. Nos casos previstos nos incisos I e II, funcionará como Presidente o do Supremo Tribunal Federal, limitando-se a condenação, que somente será proferida por dois terços dos votos do Senado Federal, à perda do cargo, com inabilitação, por oito anos, para o exercício de função pública, sem prejuízo das demais sanções judiciais cabíveis.
>
> Lei 1.079/50, Art. 2º. Os crimes definidos nesta lei, ainda quando simplesmente tentados, são passíveis da pena de perda do cargo, com inabilitação, até cinco anos, para o exercício de qualquer função pública, imposta pelo Senado Federal nos processos contra o Presidente da República ou Ministros

> de Estado, contra os Ministros do Supremo Tribunal Federal ou contra o Procurador Geral da República.
>
> Art. 3º. A imposição da pena referida no artigo anterior não exclui o processo e julgamento do acusado por crime comum, na justiça ordinária, nos termos das leis de processo penal.

Verifica-se, portanto, que, ao contrário do que se observa no *impeachment* do presidente da República e dos ministros de Estado, em que o procedimento é bifásico, mediante juízo de admissibilidade pela Câmara dos Deputados e julgamento pelo Senado Federal (Lei 1.079/50, arts. 19 a 38), tratando-se de ministro do STF e do procurador-geral da República, tanto o juízo de admissibilidade como o de mérito são proferidos pelo Senado Federal, conforme o procedimento regido pelos arts. 41 a 73 do mesmo diploma, o que vem reforçado pelo art. 80, *caput*:

> Nos crimes de responsabilidade do Presidente da República e dos Ministros de Estado, a Câmara dos Deputados é tribunal de pronuncia e o Senado Federal, tribunal de julgamento; nos crimes de responsabilidade dos Ministros do Supremo Tribunal Federal e do Procurador Geral da República, o Senado Federal é, simultaneamente, tribunal de pronúncia e julgamento.

Embora não caiba, num trabalho de cunho dogmático-constitucional, tecer considerações sobre o motivo pelo qual jamais houve um único processo de *impeachment* de ministro do STF no Brasil, mesmo com o elevado número de representações –[254] não se olvidando de que, atualmente, 19 dos 81 senadores brasileiros são alvos de investigação ou processo criminal, muitos deles no próprio STF –,[255] forçoso reconhecer que, apesar de eventual procedência do *impeachment*, a decisão do Senado Federal não tem o condão de reformar ou anular a decisão inconstitucional proferida pelo ministro increpado.

Evidente, portanto, que tal mecanismo não combate, especificamente, os efeitos da decisão inconstitucional, pois, apenas por via oblíqua, ao se afastar um ministro afeto a este tipo de decisão, permite-se, hipoteticamente, seja restabelecida a ordem constitucional e o próprio Estado Democrático de Direito, mantendo-se íntegras, todavia, as arbitrariedades já consumadas.

Como se não bastasse, nos crimes de responsabilidade elencados nos arts. 39, 1 a 5, e 39-A, da Lei 1.079/50, ainda que o acusador se prevaleça da cláusula genérica, consistente em "proceder de modo incompatível com a honra, dignidade e decoro de suas funções", há evidente dificuldade para promover a adequação típica nos casos de decisões inconstitucionais, ainda que estas sejam esdrúxulas e reiteradas, como as examinadas na presente obra, pois o ministro acusado poderá

254. Segundo informações do site do Senado Federal, veiculadas por um dos senadores, são 58 pedidos de impeachment de ministros do STF. Disponível em <<https://www12.senado.leg.br/noticias/materias/2022/06/14/girao-acusa-ministros-do-stf-de-desvios-de-conduta>>. Acesso em 30.08.2022.

255. Conforme levantamento do "Congresso em Foco". Disponível em << https://congressoemfoco.uol.com.br/area/justica/pelo-menos-19-senadores-sao-alvos-de-investigacao-veja-a-lista/ >>. Acesso em 30.08.2022.

escorar-se na sua independência funcional e no princípio do livre convencimento motivado, assegurados em nível constitucional (CF, art. 93, IX).[256]

2.2. Garantia dos Poderes Constitucionais, da Lei e da Ordem (CF, art. 142)

Conforme lição de Ferreira Filho, a finalidade precípua e constitucional das Forças Armadas é a segurança externa do Estado, daí por que "em suas mãos se concentram armas e artifícios cujo emprego só se justifica contra quem possa contar com semelhantes, de ordinário forças armadas estrangeiras".[257]

O mesmo autor ressalta, contudo, a finalidade secundária da mesma instituição, qual seja, a de assegurar a própria ordem interna, atuando de forma subsidiária às Polícias Civil e Militar;[258] nessa esteira, o texto constitucional, antes de enumerar as prerrogativas e vedações dos integrantes das Forças Armadas, assim dispõe:

---

256. Transcreve-se o mencionado dispositivo constitucional: "Todos os julgamentos dos órgãos do Poder Judiciário serão públicos, e fundamentadas todas as decisões, sob pena de nulidade, podendo a lei limitar a presença, em determinados atos, às próprias partes e a seus advogados, ou somente a estes, em casos nos quais a preservação do direito à intimidade do interessado no sigilo não prejudique o interesse público à informação".

257. Op. cit., p. 236.

258. Ibid., p. 236.

> As Forças Armadas, constituídas pela Marinha, pelo Exército e pela Aeronáutica, são instituições nacionais permanentes e regulares, organizadas com base na hierarquia e na disciplina, sob a autoridade suprema do Presidente da República, e destinam-se à defesa da Pátria, à garantia dos poderes constitucionais e, por iniciativa de qualquer destes, da lei e da ordem.

Embora se reconheça a problemática da "tentação militar" e da "politização das Forças Armadas", referidas por Ferreira Filho, justamente pelo fato dessa instituição ser formada por homens que, na posse de contundente equipamento bélico, possam, eventualmente, corromper a democracia, o mesmo autor sabiamente adverte que,

> casos há em que as Forças Armadas não podem, nem devem assistir, impassíveis, à luta política. Se pertencem a um Estado democrático, não podem tolerar que um grupo ou um partido antidemocrático use do poder para destruir a democracia. Nem podem aceitar que, falhando ou corrompendo-se a liderança civil – como às vezes sucede – seja o país atirado ao caos ou à decadência.[259]

Em termos mais diretos, nem toda forma de intervenção das Forças Armadas configura "golpe contra a democracia" ou "ditadura", como alardeiam os mais histéricos, pois tal

259. Ibid., p. 237.

intervenção interna, desde que fundamentada no texto constitucional e com o móvel de "garantia dos poderes constitucionais" (CF, art. 142, *caput*), tem finalidade exatamente contrária, qual seja, a defesa da ordem constitucional e do Estado Democrático de Direito.

Nesta linha de raciocínio, a doutrina consagra o "sistema constitucional das crises",[260] também chamado de "sistema de emergência",[261] definido por Amaral Santos como o "conjunto ordenado de normas constitucionais que, informadas pelos princípios da necessidade e da temporariedade, têm por objeto as situações de crises e por finalidade a mantença ou restabelecimento da normalidade constitucional".[262]

Não se deve confundir, todavia, a garantia da Lei e da Ordem com os demais mecanismos que integram o sistema constitucional das crises, a saber, estado de defesa (CF, art. 136, *caput*) e estado de sítio (CF, art. 137, I e II): enquanto no mecanismo em estudo há apenas uma intervenção breve e cirúrgica das Forças Armadas, no sentido de restabelecer os limites de cada Poder e os próprios direitos e garantias constitucionais, no último, pelo contrário, há restrição de direitos ou até suspensão de garantias constitucionais, por conta de eventos extraordinários: no estado de defesa, grave e iminente instabilidade institucional, ou calamidades de grandes proporções na natureza; e no estado de sítio, grave comoção nacional, ineficácia do estado de defesa ou guerra externa.

---

260. A. Moraes, op. cit., p. 637.

261. M. G. Ferreira Filho, op. cit., p. 325.

262. Apud P. Lenza, op. cit., p. 919.

Sob o aspecto procedimental, observa-se que a forma pela qual se desenvolve o mecanismo de garantia da Lei e da Ordem não foi esmiuçada pela Constituição, tarefa que coube à Lei Complementar 97/99; neste sentido, o art. 15, parágrafo 1º, dispõe competir ao presidente da República, na condição de comandante supremo das Forças Armadas (art. 2º, *caput*), a decisão sobre o seu emprego, por iniciativa própria ou mediante pedido dos presidentes do STF, Senado Federal ou da Câmara dos Deputados, enquanto o parágrafo 2º estabelece que a atuação "ocorrerá de acordo com as diretrizes baixadas em ato do Presidente da República, após esgotados os instrumentos destinados à preservação da ordem pública e da incolumidade das pessoas e do patrimônio, relacionados no art. 144 da Constituição Federal", ou seja, os mecanismos afetos às Polícias que integram a Segurança Pública.

Importante frisar o disposto no art. 15, parágrafo 4º, da Lei Complementar 97/99, consagrando expressamente os princípios da necessidade e da temporariedade, trazidos no conceito acima referido, de Amaral Santos, o que afasta qualquer alegação de violação da ordem democrática pelas Forças Armadas:

> LC 97/99, Art. 15, § 4º. Na hipótese de emprego nas condições previstas no § 3º deste artigo, após mensagem do Presidente da República, serão ativados os órgãos operacionais das Forças Armadas, que desenvolverão, de forma episódica, em área previamente estabelecida e por tempo limitado, as ações de caráter preventivo e repressivo necessárias para assegurar o resultado das operações na garantia da lei e da ordem.

Aplicando-se tal procedimento às decisões inconstitucionais do STF, não se cuida, obviamente, de promover o "fechamento do STF", como vociferam os mesmos histéricos, mas sim de remover do mundo jurídico a medida inconstitucional, ou até mesmo o próprio ministro increpado, quando seus abusos forem reiterados e houver omissão de seus pares e do Senado Federal, para que se restabeleça a ordem constitucional – como adverte Ferreira Filho, tal método, para ser legítimo, deve ter "cunho conservador e, mantendo a ordem, resguardar o *status quo*",[263] enquanto Lenza, com precisão, pondera que,

> a defesa das instituições democráticas caracteriza-se como o equilíbrio da ordem constitucional, não havendo preponderância de um grupo sobre outro, mas, em realidade, o equilíbrio entre os grupos de poder [...] Diante das crises, portanto, existem mecanismos constitucionais para o restabelecimento da normalidade, quais sejam, a possibilidade de decretação do estado de defesa, do estado de sítio e o papel das Forças Armadas e das forças de segurança pública.[264]

Destarte, o mais prudente é a utilização desta prerrogativa somente em hipóteses excepcionalíssimas, como *ultima ratio*, quando constatada grave ofensa a interesses difusos em razão de ordem ou decisão inconstitucional da Corte Suprema, sob pena de banalização e disseminação de distúrbios sociais e econômicos ainda mais prejudiciais à população.

---

263. M. G. Ferreira Filho, op. cit., p. 237.

264. P. Lenza, op. cit., p. 919-920.

2.3. O método do professor Ives Gandra da Silva Martins: decreto-legislativo do Congresso Nacional para preservação de competência legislativa

Em entrevista concedida ao canal da Jovem Pan, no *Youtube*, o professor e jurista Ives Gandra, com sua costumeira precisão e neutralidade, apontou uma terceira via – ainda em fase de estudo – para hipóteses em que a Corte Suprema ouse legislar no lugar do Congresso Nacional, invadindo sua esfera de competência, amparando-se no art. 49, inciso XI, da Constituição Federal: "É da competência exclusiva do Congresso Nacional [...] XI- zelar pela preservação de sua competência legislativa em face da atribuição normativa dos outros Poderes".[265]

Segundo o mesmo autor, se existe tal prerrogativa na Lei Maior, faz-se necessário, como decorrência lógica, um instrumento adequado, ou seja, o decreto-legislativo do Congresso Nacional, por se tratar de competência exclusiva (sem exigência de sanção presidencial),[266] poder normativo consagrado pelo art. 59, inciso VI, do mesmo diploma, podendo assim ser anulada a decisão inconstitucional do STF.

---

265. Disponível em <<https://www.youtube.com/watch?v=h-gNZMsa8cc>>. Acesso em 3.04.2021.

266. Neste sentido dispõe o art. 48, caput, da Carta Magna: "Cabe ao Congresso Nacional, com a sanção do Presidente da República, não exigida esta para o especificado nos arts. 49, 51 e 52, dispor sobre todas as matérias de competência da União [...]".

Referido método tem o mérito de, por um lado, não depender de um improvável e moroso julgamento de *impeachment* de ministro do STF pelo Senado Federal, cujo acolhimento também não anula a decisão inconstitucional, como já afirmado; por outro lado, afasta a solução mais drástica da garantia da Lei e da Ordem, evitando-se possíveis comoções sociais que poderiam advir da atuação das Forças Armadas, além de combater, de forma específica, o vício da inconstitucionalidade pela via normativa.

Embora este método pareça ser o mais eficiente, em termos dogmáticos, forçoso reconhecer que, na prática, pelas mesmas razões apontadas acerca do *impeachment* pelo Senado Federal, é de todo improvável que integrantes de ambas as Casas Legislativas, muitos deles investigados e réus – quando se computam os membros da Câmara dos Deputados, somam-se mais 106 parlamentares nestas condições –,[267] ousariam editar um decreto-legislativo para preservar a competência legislativa do Congresso Nacional.

2.4. A "ampliação do círculo de intérpretes da Constituição" (HÄBERLE, 2002)

Uma derradeira alternativa que se propõe parte dos citados ensinamentos de Häberle, sobre a "ampliação do círculo

267. Conforme levantamento do "Congresso em Foco". Disponível em <<https://congressoemfoco.uol.com.br/area/congresso-nacional/mais-de-cem-deputados-estao-sob-investigacao-da-justica-veja-a-lista/ >>. Acesso em 30.08.2022.

de intérpretes da Constituição", pela qual se permite que um agente público executor de uma ordem ou decisão judicial, na qualidade de "intérprete constitucional *lato sensu*", faça um juízo de valor acerca de sua compatibilidade vertical com a Constituição, conforme as circunstâncias do caso concreto.

Este método encontra assento no Estado Democrático de Direito, uma vez que o agente público não é obrigado a cumprir ordem manifestamente ilegal – e, com mais razão, uma determinação inconstitucional –, estando sua conduta legitimada por diversos ramos do Direito, a saber:

a) Sob a ótica peculiar do Direito Administrativo, o agente público, ao contrário do particular, somente pode fazer o que a Lei autoriza,[268] devendo o termo "Lei" ser compreendido em seu sentido mais amplo para abranger a Constituição Federal; os poderes hierárquico e disciplinar não o obrigam a cumprir ordens, atos normativos e decisões inconstitucionais, conduta legitimada pelo princípio constitucional da legalidade (CF, art. 5º, II), bem como pelo art. 116, inciso IV, da Lei 8.112/90, consignando ser dever do servidor "cumprir as ordens superiores, exceto quando manifestamente ilegais".

Meirelles, ao tratar do poder hierárquico, embora se refira apenas à estrutura interna da Administração,[269] admite

268. C. A. Bandeira de Mello, op. cit., p. 102-109.

269. A doutrina administrativista é firme no sentido de que, nos demais Poderes (Judiciário e Legislativo), não há, propriamente, uma relação hierárquica de coordenação e subordinação, decorrência lógica da própria distribuição de competências e da independência funcional assegurada aos membros destes Poderes; todavia, Di Pietro, com propriedade, pondera que, "com a aprovação da Reforma do Judiciário pela Emenda Constitucional nº 45/2004, cria-se uma hierarquia parcial entre o STF e todos os demais órgãos do Poder Judiciário, uma vez que suas decisões sobre matéria constitucional, quando aprovadas como súmulas, no termos do artigo 103-A, introduzido na Constituição, terão efeito vinculante para todos. O mesmo ocorrerá com as decisões definitivas proferidas em ações diretas

a possibilidade do subalterno descumprir ordem manifestamente ilegal, devendo ser aplicado o mesmo raciocínio, a toda evidência, para ordens inconstitucionais e provenientes de outro Poder, inclusive do Judiciário:

> As determinações superiores devem ser cumpridas fielmente, sem ampliação ou restrição, a menos que sejam *manifestamente ilegais*. No tocante a essa questão a doutrina não é uniforme, mas o nosso sistema constitucional, com o declarar que 'ninguém será obrigado a fazer ou deixar de fazer alguma coisa senão em virtude de lei' (art. 5º, II), torna claro que o subordinado não pode ser compelido, pelo superior, a praticar ato evidentemente ilegal. O respeito hierárquico não vai ao ponto de suprimir, no subalterno, o senso do legal e do ilegal, do lício e do ilícito, do Bem e do Mal. Não o transforma em autônomo executor de ordens superiores. Permite-lhe raciocinar e usar de iniciativa no tocante ao desempenho de suas atribuições, e nos restritos limites de sua competência. Daí não lhe ser lícito discutir ou deixar de cumprir ordens senão quando se apresentarem manifestamente ilegais. Somente as que se evidenciarem, ao senso comum, contrárias ou sem base na lei é que permitem ao subalterno recusar-lhes cumprimento.[270]

---

de inconstitucionalidade e nas ações declaratórias de constitucionalidade de lei ou ato normativo federal ou estadual (art. 102, § 2º)" (M. S. Z. Di Pietro, op. cit., p. 98). Sobre a impossibilidade de punição disciplinar do magistrado, na hipótese de decidir contrariamente ao entendimento sumulado, confira-se: T. F. Schoedl, 2243 Questões..., p. 85; em sentido contrário, admitindo a punição: P. Lenza. O Magistrado que descumpre súmula vinculante pode ser responsabilizado? In: Jornal Carta Forense, ago 2013, p. B23.

270. H. L. Meirelles, op. cit., p. 112-113. Em idêntico sentido: M. S. Z. Di Pietro, op. cit.,

b) Já o Código Penal, ao tratar das excludentes de culpabilidade (dirimentes), dispõe que, "se o fato é cometido sob coação irresistível ou em estrita obediência a ordem, não manifestamente ilegal, de superior hierárquico, só é punível o autor da coação ou da ordem" (CP, art. 22), legitimando, *a contrario sensu*, a conduta do agente público que deixa de cumprir ordem ilegal e inconstitucional, porquanto não dotada de "reprovabilidade", nas palavras de Reinhard Frank;[271] na doutrina nacional, Hungria, repudiando o "princípio da obediência cega", assim discorre sobre o tema, amparado também nas lições de De Marsico:

> De um ponto de vista rigorosamente jurídico, repelido o princípio da *obediência cega* (o passivismo do *perinde ac cadaver* preconizado por INÁCIO DE LOIOLA), uma ordem *ilegal*, ainda que a ilegalidade não seja reconhecível *ictu oculi*, não deveria jamais ser cumprida. O ato praticado em execução dela, quando correspondente a um tipo legal de crime, não perde, objetivamente, o seu caráter ilícito ou antijurídico. Tão-sòmente em obséquio ao intêresse da disciplina administrativa e ao princípio da autoridade é que a *política criminal* aconselha e o direito positivo prescreve que, em tal caso, se transija com o *error juris neminem excusat*, e nenhuma pena sofra o executor, se devida a obediência, respondendo pelo crime apenas o superior que expediu a ordem

---

p. 96.

271. R. FRANK. Sobre la estructura del concepto de culpabilidad. Collección Maestros del Derecho Penal. Dirigida por Gonzalo D. Fernandes. Coordinada por Gustavo Eduardo Aboso. Traducción por Gustavo Eduardo Aboso y Tea Löw. 3ª Reimp. Buenos Aires: Editorial IB de F, 2011, p. 39.

> [...] 'se o princípio fundamental do Estado moderno é a autoridade, não é menos certo que o Estado é uma organização jurídica, e não pode autorizar a obediência cega do inferior hierárquico. De um lado, um excesso de poder na indagação da legalidade da ordem quebraria o princípio de autoridade, mas, de outro, um excesso do dever de obediência quebraria o princípio do direito'.[272]

Portanto, a referida dirimente somente se aplica quando a ordem não for "manifestamente ilegal", pois, nesta hipótese, subsiste a culpabilidade; nesta linha de raciocínio, tratando-se de ordem *manifestamente inconstitucional*, como aquelas provenientes das decisões examinadas no presente trabalho, não se cuida apenas do direito do executor de não cumpri-las, mas de um autêntico dever, razão pela qual este não poderá ser responsabilizado por descumprir a determinação de ministro do STF, seja na esfera criminal, seja na disciplinar.

Sob a ótica do particular atingido pela ordem ou decisão inconstitucional, havendo insistência na sua execução pelo agente público, aquele encontra-se amparado pela legítima defesa (CP, art. 25, *caput*),[273] conforme lição de Dotti:

---

272. N. Hungria. Comentários ao Código Penal: arts. 11 a 27. 4ª ed. Rio de Janeiro: Forense, 1958, v. 1, Tomo 2, p. 260-261. O caráter objetivo da antijuridicidade, referido pelo autor, significa que este requisito do crime não leva em conta a dimensão subjetiva, relacionada ao ânimo do agente, mas sim a contrariedade do fato típico ao ordenamento jurídico, não se adequando a uma das eximentes (legítima defesa, estado de necessidade, exercício regular de direito e estrito cumprimento do dever legal – CP, art. 23, I a III).

273. Transcreve-se o mencionado dispositivo do Código Penal: "Entende-se em legítima defesa quem, usando moderadamente dos meios necessários, repele injusta agressão, atual ou iminente, a direito seu ou de outrem".

> Não caracteriza o crime de resistência ou desobediência (CP, arts. 329 e 330), ou qualquer outro tipo de ilícito em geral, o descumprimento de uma ordem ilegal. Ela poderá assumir essa característica em face do abuso de autoridade ou abuso de poder do agente estatal. No primeiro caso, poderá ocorrer a legítima defesa por parte de quem reage, com os meios necessários e moderadamente, à injusta e atual agressão constituída pela ordem ilegal.[274]

Com efeito, em termos ontológicos e de contrariedade ao ordenamento jurídico, tal hipótese pouco difere da conduta do particular que, após ser vítima de um mau policial que "planta" drogas em sua residência, lhe oferece dinheiro para se livrar da prisão ilegal, não respondendo por corrupção ativa, por se tratar de conduta atípica, conforme já decidiu o próprio STF (HC 41876, Rel. Min. Victor Nunes, Tribunal Pleno, j. 10.05.1965).[275]

c) Por fim, o Código Civil, em seu art. 186, define o ato ilícito como toda ação ou omissão voluntária, negligência ou imprudência, que viole direito e cause dano a outrem, impondo o dever de indenizar no art. 927; considerando-se que a inconstitucionalidade de uma ordem ou decisão judicial superior também torna ilícito o ato final praticado pelo executor, deve ser imposta a obrigação de indenizar a ambos os agentes públicos e também ao Estado, na forma do art. 37, parágra-

274. R. A. Dotti. Curso de Direito Penal: Parte Geral. 3ª ed. rev., atual. e ampl. São Paulo: Revista dos Tribunais, 2010, p. 482.

275. Em idêntico sentido: TJSP, RJTJSP 114/475; e T. F. Schoedl, 2243 Questões..., p. 344.

fo 6º, da Constituição Federal: "As pessoas jurídicas de direito público e as de direito privado prestadoras de serviços públicos responderão pelos danos que seus agentes, nessa qualidade, causarem a terceiros, assegurado o direito de regresso contra o responsável nos casos de dolo ou culpa".

Importante frisar que, por decisão ilegal e inconstitucional, contrariando a melhor doutrina e jurisprudência, o STF, mediante equivocada interpretação do citado dispositivo constitucional, fixou a seguinte tese em repercussão geral, no Recurso Extraordinário nº 1027633/SP: "A teor do disposto no artigo 37, parágrafo 6º, da Constituição Federal, a ação por danos causados por agente público deve ser ajuizada contra o Estado ou a pessoa jurídica de direito privado, prestadora de serviço público, sendo parte ilegítima o autor do ato, assegurado o direito de regresso contra o responsável nos casos de dolo ou culpa";[276] de qualquer forma, a indenização continua sendo assegurada à vítima do ato ilícito cometido por agente público.

Trazendo-se a discussão, p.ex., para os temas enfrentados nos Capítulos I e V, o agente público executor da ordem – v.g., um policial federal ou militar – não estaria obrigado a: a) prender alguém em flagrante por conduta criminalizada mediante analogia *in malam partem* pelo STF, em face do que determina o art. 5º, inciso XXXIX, da Constituição Federal; e b) prender parlamentar federal fora das hipóteses de flagrante por crime inafiançável, ainda que a ordem tenha sido emanada de ministro da Corte Suprema (CF, art. 53, § 2º).

---

276. Confira-se, a respeito do tema, admitindo que a vítima promova a ação contra o Estado e o agente público, variando-se apenas os fundamentos do pedido: C. A. Bandeira de Mello, op. cit., p. 1050-1051; e STJ, REsp 1.325.862/PR, Rel. Min. Luis Felipe Salomão, Quarta Turma, j. 5.09.2013.

Da mesma forma, tratando-se aqui das nefastas e acientíficas restrições de circulação relacionadas ao famigerado "covid-19", entre os anos de 2020 e 2022, o mesmo agente público não teria o dever de prender ou multar um cidadão que estivesse caminhando numa praia, ou um empresário no pleno exercício de sua atividade, ou ainda, restringir direitos daqueles que não concordassem em se submeter a programa de inoculação experimental, por força de decreto estadual ou municipal expedido em descompasso com os arts. 1º, incisos III e IV, 5º, *caput*, e incisos II e XIII, 136 e 137, incisos I e II, todos da Constituição Federal, ainda que reconhecida a constitucionalidade do ato normativo pelo STF,[277] dispositivos constitucionais que consagram os princípios da dignidade da pessoa humana, os valores sociais do trabalho e da livre iniciativa, a liberdade *lato sensu*, de trabalho e de profissão, e a legalidade, além da competência privativa do presidente da República para decretar o estado de defesa e solicitar o estado de sítio.[278]

---

277. Não deixou de causar perplexidade, todavia, o elevado grau de aceitação dessas medidas pela maioria da população, sem o mínimo questionamento, como um verdadeiro gado pandestérico.

278. Transcrevem-se os citados dispositivos:
CF, Art. 1º. A República Federativa do Brasil, formada pela união indissolúvel dos Estados e Municípios e do Distrito Federal, constitui-se em Estado Democrático de Direito e tem como fundamentos:
[...]
III - a dignidade da pessoa humana;
IV - os valores sociais do trabalho e da livre iniciativa;
[...]
Art. 5º. Todos são iguais perante a lei, sem distinção de qualquer natureza, garantindo-se aos brasileiros e aos estrangeiros residentes no País a inviolabilidade do direito à vida, à liberdade, à igualdade, à segurança e à propriedade, nos termos seguintes:
[...]
II - ninguém será obrigado a fazer ou deixar de fazer alguma coisa senão em virtude de lei;
[...]
XIII - é livre o exercício de qualquer trabalho, ofício ou profissão, atendidas as qualificações profissionais que a lei estabelecer;

Em qualquer caso, o agente público, justamente por atuar com o escopo de preservar a Constituição Federal, e não de rejeitá-la, estaria amparado contra eventual acusação por crime de prevaricação (CP, art. 319),[279] ou ainda, por transgressão disciplinar imputada por superior hierárquico ou órgão de controle da Administração – aliás, nesta linha de raciocínio, é possível citar novamente um trecho da decisão inconstitucional do STF, proferida no Inquérito nº 4831 e examinada no Capítulo III, porém, adaptado ao método de controle de constitucionalidade proposto: "Contestá-las [*as decisões inconstitucionais do STF*] por meio de recursos ou de meios processuais idôneos, sim; desrespeitá-las por [*ato legítimo, sim*], sob pena de frontal vulneração ao princípio fundamental que consagra o dogma da separação de poderes".

Este método, obviamente, possui obstáculos – o próprio Häberle admite a possibilidade da interpretação constitucional dissolver-se num elevado número de interpretações e in-

---

[...]
Art. 136. O Presidente da República pode, ouvidos o Conselho da República e o Conselho de Defesa Nacional, decretar estado de defesa para preservar ou prontamente restabelecer, em locais restritos e determinados, a ordem pública ou a paz social ameaçadas por grave e iminente instabilidade institucional ou atingidas por calamidades de grandes proporções na natureza.
[...]
Art. 137. O Presidente da República pode, ouvidos o Conselho da República e o Conselho de Defesa Nacional, solicitar ao Congresso Nacional autorização para decretar o estado de sítio nos casos de:
I - comoção grave de repercussão nacional ou ocorrência de fatos que comprovem a ineficácia de medida tomada durante o estado de defesa;
II - declaração de estado de guerra ou resposta a agressão armada estrangeira.

279. Transcreve-se o referido tipo penal:
CP, Art. 319. Retardar ou deixar de praticar, indevidamente, ato de ofício, ou praticá-lo contra disposição expressa de lei, para satisfazer interesse ou sentimento pessoal:
Pena - detenção, de três meses a um ano, e multa.

térpretes –,[280] daí a necessidade aventada de maiores estudos e reflexões sobre o tema, pois a ampliação do círculo de intérpretes da Constituição, ao permitir o exame da constitucionalidade de decisão judicial pelo executor da ordem, poderia gerar, por um lado, um remédio mais efetivo contra arbítrios da Corte Suprema, mas, por outro, um possível enfraquecimento de qualquer decisão judicial, ainda que não eivada de inconstitucionalidade.

Parafraseando Aristóteles – embora o ilustre filósofo não reconheça o excesso de injustiça, definida como vício completo –,[281] é de se indagar qual seria o pior excesso para a sociedade. Decerto que somente o tempo e a experiência jurídica poderiam dizer.

Destarte, a manutenção do quadro atual vem acarretando acentuada insegurança jurídica, lamentando-se que ministros com "notório saber jurídico e reputação ilibada", apenas por vaidade, ou até mesmo por desvio de personalidade, vêm sepultando as regras e princípios constitucionais e legais, sob o falso pretexto de agirem como "Poder Moderador", mediante inaceitável ativismo judicial.

Quanto aos temas enfrentados na obra, a par da dificuldade de se promover uma classificação dos vícios de in-

---

280. Op. cit., p. 29.

281. Segundo Aristóteles, "nem toda ação e paixão admite um meio-termo, pois alguns têm nomes que já de si mesmos implicam maldade, como o despeito, o despudor, a inveja, e, no campo das ações, o adultério, o furto, o assassínio [...] Igualmente absurdo seria buscar um meio-termo, um excesso e uma falta em atos injustos, covardes ou libidinosos; porque assim haveria um meio-termo do excesso e da carência, um excesso de excesso e uma carência de carência [...] Portanto, a justiça neste sentido não é uma parte da virtude, mas a virtude inteira; nem é seu contrário, a injustiça, uma parte do vício, mas o vício inteiro" (Ética a Nicômaco..., p. 273 e 323).

constitucionalidade conforme a gravidade, todos eles fruto do *Neoconstitucionalismo extremado* e do ativismo judicial - invadindo ora competências legislativas, ora administrativas –, conclui-se que os mais nefastos encontram-se nos Capítulos IV e V (inquérito e prisão por "*fake news*"), por ferirem o próprio sistema acusatório e a manifestação do pensamento, seguidos do Capítulo I, que praticamente extirpou a reserva legal penal, e, por fim, os Capítulos II e III, tratando, basicamente, da descabida intromissão do STF nos atos privativos do chefe da Administração Pública federal, vícios cujos efeitos excedem o âmbito jurídico, exatamente por violarem, em última análise, a separação de Poderes.

Referências Bibliográficas

ALEXY, Robert. *Teoria dos Direitos Fundamentais.* Trad. de Virgílio Afonso da Silva. São Paulo: Malheiros, 2008.

ARAÚJO, Guilherme. *Rui Barbosa, a ditadura e o Poder Judiciário*. Disponível em <<https://interfases.legal/2021/04/23/rui-barbosa-a-ditadura-e-o-poder-judiciario/>>. Acesso em 18.09.2022.

ARISTÓTELES. *Dos argumentos sofísticos*. Coleção Os Pensadores IV. Rio de Janeiro: Abril Cultural, 1973.

_____. *Ética a Nicômaco*. Coleção Os Pensadores IV. Rio de Janeiro: Abril Cultural, 1973.

AULETE, Caldas. *Dicionário contemporâneo da língua portuguesa*. 2ª ed. bras. rev., atual. e aumentada por Hamílcar de Garcia. Rio de Janeiro: Delta S.A., 1968, v. 3.

ÁVILA, Humberto. *Teoria dos Princípios: da definição à aplicação dos princípios jurídicos.* 12ª ed. ampl. São Paulo: Malheiros, 2011.

BANDEIRA de MELLO, Celso Antônio. *Curso de Direito Administrativo*. 29ª ed. rev. e atual. São Paulo: Malheiros, 2012.

BAPTITA DA SILVA, João. *Reforma do Judiciário (Sem o Controle Externo "híbrido")*. Belo Horizonte: Líder, 2004.

BOBBIO, Norberto. *A era dos direitos*. Nova ed. trad. de Carlos Nelson Coutinho. Rio de Janeiro: Elsevier, 2004.

_____. *Da estrutura à função: novos estudos de teoria do direito.* Trad. de Daniela Beccaccia Versiani; rev. técnica de Orlando Seixas Bechara, Renata Nagamine. Barueri, SP: Manole, 2007.

BUZAID, Alfredo. *Da Ação Direta de Inconstitucionalidade no Direito Brasileiro*. São Paulo: Saraiva, 1958, nº 58.

CANOTILHO, J. J. Gomes. *Direito Constitucional.* 5ª ed. Coimbra: Livraria Almedina, 1991.

CAPEZ, Fernando. *Curso de Processo Penal.* 23ª ed. São Paulo: Saraiva, 2016.

CARLIN, Volnei Ivo (org.). *Grandes Temas de Direito Administrativo: Homenagem ao Professor Paulo Henrique Blasi.* Campinas: Millenium e Conceito, 2009.

CARVALHO, Luiz Gustavo Gardinetti Castanho de. *Liberdade de informação e o direito difuso à informação verdadeira.* Rio de Janeiro: Renovar, 2003.

CINTRA, Antônio Carlos de Araújo; GRINOVER, Ada Pellegrini; DINAMARCO, Cândido Rangel. *Teoria Geral do Processo*. 14ª ed. São Paulo: Malheiros, 1998.

CRETELLA JÚNIOR, José. *Manual de Direito Administrativo.* 7ª ed. Rio de Janeiro: Forense, 2005.

_____. *Prática do Processo Administrativo.* 5ª ed. rev. e atual. São Paulo: Revista dos Tribunais, 2006.

CRETELLA NETO, José. *Direito Internacional Público.* São Paulo: Thomson Reuters Brasil, 2019.

CZELUSNIAK, Marcelo Salomão. *A tentativa de arquivamento do inquérito das fake news pela Procuradoria-Geral da República*. In: C. R. M. PIOVEZAN (org.). Inquérito do Fim do Mundo: o apagar das luzes do Direito Brasileiro. Londrina: Editora E.D.A, 2020, p. 139-181.

DEMERCIAN, Pedro Henrique. *Regime Jurídico do Ministério Público no Processo Penal*. 1ª ed. São Paulo: Verbatim, 2009.

DEMERCIAN, Pedro Henrique; MALULY, Jorge Assaf. *Curso de Direito Processual Penal*. 9ª ed. rev. e atual. Rio de Janeiro: Forense, 2014.

DI PIETRO, Maria Sylvia Zanella. *Direito Administrativo*. 25ª ed. São Paulo: Atlas, 2012.

DINIZ, Maria Helena. *Curso de Direito Civil Brasileiro: Teoria Geral do Direito Civil*. 27ª ed. São Paulo: Saraiva, 2010, v. 1.

DOTTI, René Ariel. *Curso de Direito Penal: Parte Geral*. 3ª ed. rev., atual. e ampl. São Paulo: Revista dos Tribunais, 2010.

DWORKIN, Ronald. *Levando os direitos a sério*. 3ª ed. trad. Nelson Boeira. São Paulo: Editora WMF Martins Fontes, 2010

FERREIRA FILHO, Manoel Gonçalves. *Curso de Direito Constitucional*. 24ª ed. rev. São Paulo: Saraiva, 1997.

FERREYRA, Raúl Gustavo. *Constituição e Direitos Fundamentais: um enfoque sobre o mundo do Direito*. Prefácio de Paulo Bonavides. Tradução de Carolina Machado Ciryllo da Silva e David Leal da Silva. Porto Alegre: Linus, 2012.

FERRI, Enrico. *Princípios de Direito Criminal: o criminoso e o crime*. Trad. de Luiz de Lemos D'Oliveira. São Paulo: Livraria Acadêmica Saraiva e C., 1931.

FRANK, Reinhard. *Sobre la estructura del concepto de culpabilidad.* Collección Maestros del Derecho Penal. Dirigida por Gonzalo D. Fernandes. Coordinada por Gustavo Eduardo Aboso. Traducción por Gustavo Eduardo Aboso y Tea Löw. 3ª Reimp. Buenos Aires: Editorial IB de F, 2011.

FREYESLEBEN, Márcio Luís Chila. *O inquérito das feke news e a face oculta do ativismo judicial.* In: C. R. M. PIOVEZAN (org.). Inquérito do Fim do Mundo: o apagar das luzes do Direito Brasileiro. Londrina: Editora E.D.A, 2020, p. 203-216.

GODOY, Claudio Luiz Bueno de. *A liberdade de imprensa e os direitos da personalidade.* 3ª ed. São Paulo: Atlas, 2015.

GOMES, Luiz Flávio; MACIEL, Silvio. *A teoria da "ratio cognoscendi" e a dúvida do juiz sobre as excludentes de ilicitude.* Disponível em <<https://lfg.jusbrasil.com.br/noticias/937720/a-teoria-da-ratio-cognoscendi-e-a-duvida-do-juiz-sobre-as-excludentes-de-ilicitude-luiz-flavio-gomes-e-silvio-maciel>>. Acesso em 2.09.2022.

GONÇALVES, Carlos Roberto. *Direito Civil Brasileiro: Parte Geral.* 10ª ed. São Paulo: Saraiva, 2012, v. 1.

GRINOVER, Ada Pellegrini; GOMES FILHO, Antônio Magalhães; FERNANDES, Antônio Scarance. *As nulidades no processo penal.* 11ª ed. rev., atual. e ampl. São Paulo: Revista dos Tribunais, 2009.

GRECO, Rogério. *O STF e seus inquéritos ilegais.* In: C. R. M. PIOVEZAN (org.). Inquérito do Fim do Mundo: o apagar das luzes do Direito Brasileiro. Londrina: Editora E.D.A, 2020, p. 83-105.

GRILO, Ludmila Lins. *O ativismo judicial a serviço do globalismo.* In: Seminário "Globalismo". Ministério das Relações Exteriores (MRE) e Fundação Alexandre de Gusmão (FUNAG). Disponível em <<ht-

tps://www.youtube.com/watch?v=Cca1ZZAHR80 >>. Acesso em 16.02.2021.

____. *O inquérito do fim do mundo, a ruína das liberdades e a luta pelo direito*. In: C. R. M. PIOVEZAN (org.). Inquérito do Fim do Mundo: o apagar das luzes do Direito Brasileiro. Londrina: Editora E. D.A, 2020, p. 43-70.

HÄBERLE, Peter. *Hermenêutica Constitucional – A sociedade aberta dos intérpretes da Constituição: contribuição para a interpretação pluralista e "procedimental" da Constituição.* Trad. de Gilmar Ferreira Mendes. Porto Alegre: Sergio Antonio Fabris Editor, 1997. Reimp. 2002.

HESSE, Konrad. *A força normativa da Constituição.* Trad. de Gilmar Ferreira Mendes. Porto Alegre: Sergio Antonio Fabris Editor, 1991.

HUNGRIA, Nélson. *Comentários ao Código Penal: Arts. 1º a 27*. Edição Revista Forense, Rio de Janeiro, 1949, v. 1.

____. *Comentários ao Código Penal: arts. 11 a 27*. 4ª ed. Rio de Janeiro: Forense, 1958, v. 1, Tomo 2.

____. *Comentários ao Código Penal: Arts. 137 a 154*. 3ª ed. rev. e atual. Rio de Janeiro: Forense, 1955, v. VI.

____. *Comentários ao Código Penal: arts. 250 a 361*. Rio de Janeiro: Edição Revista Forense, 1958, v. IX.

HUNGRIA, Nélson; FRAGOSO, Heleno Cláudio. *Comentários ao Código Penal*. 6ª ed. Rio de Janeiro: Forense, 1980, v. 1, Tomo I.

JESUS, Damásio Evangelista de. *Direito Penal: Parte Geral*. 19ª ed. rev. e atual. São Paulo: Saraiva, 1995, v. 1.

KELSEN, Hans. *O problema da Justiça.* Trad. de João Baptista Machado. 3ª ed. São Paulo: Martins Fontes, 1998.

____. *Teoria Pura do Direito: Introdução à Problemática Científica do Direito.* Trad. de J. Cretella Jr. e Agnes Cretella. 4ª ed. rev. da tradução. São Paulo: Editora Revista dos Tribunais, 2006.

KÜMPEL, Vitor Frederico; SCHOEDL, Thales Ferri; BORGARELLI, Bruno de Ávila. *O caso Eliza Samúdio e a revogação de certidão de óbito: uma abordagem interdisciplinar, Parte III.* Disponível em <<https://www.migalhas.com.br/arquivos/2016/11/art20161116-02.pdf>>. Acesso em 17.09.2022.

LENZA, Pedro. *Direito Constitucional Esquematizado.* 16ª ed. rev., atual. e ampl. São Paulo: Saraiva, 2012.

____. *O Magistrado que descumpre súmula vinculante pode ser responsabilizado?* In: Jornal Carta Forense, ago 2013, p. B23.

MARQUES, José Frederico. *Tratado de Direito Penal.* 1ª ed. atual. v.I, Campinas: Bookseller, 1997, v. 1.

____. *Elementos de Direito Processual Penal.* 1ª ed. 2ª tiragem. Campinas: Bookseller, 1998, v. 1.

MARTINS, Ives Gandra da Silva. *A Constituição "conforme" o STF.* Jornal Carta Forense, jun. 2011, p. B4.

MAZZILLI, Hugo Nigro. *A defesa dos interesses difusos em juízo: meio ambiente, consumidor, patrimônio cultural, patrimônio público e outros interesses.* 26ª ed. rev., ampl. e atual. São Paulo: Saraiva, 2013.

MEIRELLES, Hely Lopes. *Direito Administrativo Brasileiro.* 25ª ed. atual. por Eurico de Andrade Azevedo, Délcio Balastero Aleixo e José Emmanuel Burle Filho. São Paulo: Malheiros, 2000.

MONTEIRO, Marcelo Rocha. *O inquérito do fim do mundo: explicando para o leigo o inquérito do fim do mundo.* In: C. R. M. Piovezan (org.). Inquérito do Fim do Mundo: o apagar das luzes do Direito Brasileiro. Londrina: Editora E.D.A, 2020

MONTEIRO, Washington de Barros; PINTO, Ana Cristina de Barros Monteiro França. *Curso de Direito Civil: Parte Geral.* 42ª ed. São Paulo: Saraiva, 2009, v. 1.

MONTESQUIEU, Charles de Secondar, Baron de. *O Espírito das Leis.* 1ª ed. trad. por Maria Flavia dos Reis Amambahy. Rio de Janeiro: Ideia Jurídica, 2015.

MORAES, Alexandre de. *Direito Constitucional.* 10ª ed. São Paulo: Atlas, 2001.

MORGENSTERN, Flávio. *O Ministério da Verdade 2.0: o combate às (supostas) fake news é mais perigoso do que a mais perigosa das fake news*. In: C. R. M. Piovezan (org.). Inquérito do Fim do Mundo: o apagar das luzes do Direito Brasileiro. Londrina: Editora E.D.A, 2020, p. 27-42.

NOGUEIRA, Carlos Frederico Coelho. *O fim (parcial) da famigerada prescrição retroativa*. Disponível em <<https://direito-vivo.jusbrasil.com.br/noticias/2185183/o-fim-parcial-da-famigerada-prescricao-retroativa>>. Acesso em 20.02.2021.

NORONHA, Edgard Magalhães. *Direito Penal.* 20ª ed. rev. e atual. por Adalberto José Q. T. de Camargo Aranha. São Paulo: Saraiva, 1995, v. 4.

NUCCI, Guilherme de Souza. *Código de Processo Penal Comentado.* 12ª ed. rev., atual. e ampl. São Paulo: Revista dos Tribunais, 2013.

OLAVO de CARVALHO. *O imbecil coletivo.* 4ª ed. Rio de Janeiro; São Paulo: Editora Record, 2019.

PAZZAGLINI FILHO, Marino. *Lei de improbidade administrativa comentada: aspectos constitucionais, administrativos, civis, criminais, processuais e de responsabilidade fiscal; legislação e jurisprudência atualizadas.* 3ª ed. São Paulo: Atlas, 2006.

PEÑA, Frederico Puig. *Derecho Penal: Parte General.* 6ª ed. Madrid: Editorial Revista de Derecho Privado, 1969, Tomo I.

ROUSSEAU, Jean Jacques. *Do Contrato Social.* Coleção Os Pensadores. Trad. de Lourdes Santos Machado. Introdução e notas de Lourival Gomes Machado. 2ª ed. São Paulo: Abril Cultural, 1978.

ROXIN, Claus. *Estudos de Direito Penal.* Trad. de Luís Greco. Rio de Janeiro: Renovar, 2006.

SCHOEDL, Thales Ferri. *2243 Questões para Concursos Públicos.* São Paulo: YK Editora, 2015.

_____. A "ampliação do círculo de intérpretes da Constituição" (HÄBERLE, 2002) como método de controle de constitucionalidade de decisões da Corte Suprema. Disponível em <<https://www.migalhas.com.br/depeso/343473/a-ampliacao-do-circulo-de-interpretes-da-constituicao-haberle-2002>>. Acesso em 21.04.2022.

_____. *Controle de constitucionalidade dos tipos penais sob o aspecto material.* In: P. Aragão (coord.) – J. M. Tayah (coord.) – L. D. Romano (coord.). Reflexiones sobre Derecho Latinoamericano: Estudios en Homenaje al Profesor Ignacio Tedesco. Buenos Aires, São Paulo e Rio de Janeiro: Livre Expressão, 2013, v. 11, p. 507-520.

_____. *Liberdade de imprensa e direitos da personalidade: uma abordagem interdisciplinar.* São Paulo: Letras Jurídicas, 2019.

_____. *Tecnologia Social on line destinada ao exercício do direito de resposta: a utilização do território virtual como espaço centra-*

lizado para a defesa de direitos fundamentais. In: Revista Âmbito Jurídico, nº 193, Ano XXIII, Fev/2020. Disponível em <<https://ambitojuridico.com.br/cadernos/direito-constitucional/tecnologia-social-on-line-destinada-ao-exercicio-do-direito-de-resposta-a-utilizacao-do-territorio-virtual-como-espaco-centralizado-para-a-defesa-de-direitos-fundamentais/>>. Acesso em 2.04.202.

SCHOEDL, Thales Ferri; LAMANAUSKAS, Milton Fernando. *Direito Constitucional*. In: PEDROSO, Alberto Gentil de Almeida. Questões Comentadas do Exame Oral – Concursos de Cartórios. São Paulo: YK Editora, 2017.

SMANIO, Gianpaolo Poggio. *A tutela penal constitucional*. In: Revista Brasileira de Ciências Criminais. São Paulo: RT, ano 10, n. 39, jul/set, 2002.

SPONHOLZ, Sandres. *O inquérito das fake news: o ápice da deslegitimação do poder judicial*. In: C. R. M. PIOVEZAN (org.). Inquérito do Fim do Mundo: o apagar das luzes do Direito Brasileiro. Londrina: Editora E.D.A, 2020, p. 183-201.

SZANIAWSKI. Elimar. *A transexualidade e a adequação do assento de nascimento*. Disponível em <<http://www.cartaforense.com.br/conteudo/artigos/a-transexualidade-e-a-adequacao-do-assento-de-nascimento/4361>>. Acesso em 06.11.2015.

TAVARES NETO, Cleber de Oliveira. *O inquérito do apocalipse: da pós verdade à barbárie*. In: C. R. M. PIOVEZAN (org.). Inquérito do Fim do Mundo: o apagar das luzes do Direito Brasileiro. Londrina: Editora E.D.A, 2020, p. 107-137.

TELLES JÚNIOR, Goffredo. *Direito subjetivo*. In: R. L. FRANÇA (coord.). Enciclopédia Saraiva do Direito. São Paulo: Saraiva, 1977, v. 28.

THEODORO JÚNIOR, Humberto. *Curso de Direito Processual Civil: Teoria Geral do Processo Civil, Processo de Conhecimento e Procedimento Comum.* 57ª ed. rev., atual e ampl. Rio de Janeiro: Forense, 2016, v. 1.

TOLEDO, Francisco de Assis. *Princípios Básicos de Direito Penal.* 3ª ed. São Paulo: Saraiva, 1987.

ZAFFARONI, Eugenio Raúl. *Tratado de Derecho Penal: Parte General.* 4ª reimp. Buenos Aires: Ediar, 2006, v. 1.

____. *El enemigo en el Derecho Penal.* Segunda reimpresión. Buenos Aires, Ediar, 2009.